ケンブリッジ大学
への学問の旅

ハーバード大学との比較と挑戦へのエール

瀧本 将弘 [著]

UNIVERSITY OF CAMBRIDGE

開拓社

は じ め に

　2021 年 9 月 1 日，私は青山学院大学から在外研究の許可を得て，新型コロナウイルス感染症の世界的な流行が続く中，日本を離れる決断をしました。当時，各国で感染者数や死亡者数が報告され，ワクチン接種が進む一方で新たな変異株の登場や感染の広がりに対する懸念が依然としてつきまとっていました。このパンデミックの厳しい状況下で，私は在外研究期間を本務大学より頂き，ケンブリッジ大学の言語学部（Faculty of Modern and Medieval Languages and Linguistics）とウルフソン（Wolfson）・カレッジで客員研究員として 1 年間を過ごしました。

　エッセイの前半では，ケンブリッジ大学での研究や生活がもたらした新たな発見や驚き，日本では得られない環境での学び，研究発表で訪れた場所や異なる文化的な発見多様性と深みについて綴ります。特に，ケンブリッジ大学の特異なカレッジ制度は，大学の所属学部でのアカデミックコミュニティに加えて，所属するカレッジの小さなアカデミックコミュニティにも参加する機会を提供してくれました。学部での指導に加えて，カレッジでのスーパービジョンを通じての異なる視点からの学びによって，私の専門分野における理解を深めることができました。そして，イギリス・ケンブリッジでの異なる文化とのふれあいや学際的な交流が，私の研究や人生観に深い影響を与えてくれました。ケンブリッジの豊かな学問環境だけでなく，カレッジごとに異なる伝統

やコミュニティが織りなす多様性は，新たな視点を提供し，学問の枠を超えた経験と成長をもたらしてくれました。

　エッセイの後半では，ケンブリッジ大学およびハーバード大学への私の受験体験をもとに，合格の秘訣や学習のポイントに焦点を当てます。私が経験したケンブリッジ大学とハーバード大学での学びを基に，これらの大学への挑戦がもたらす学び舎での厳しさや喜び，成功へのアプローチについて掘り下げ，将来的にこれらの大学を志望する人達に向けての実践的なアドバイスを提供します。イギリスやアメリカの大学・大学院合格においては，単なる知識の獲得だけでなく，自己表現力や批判的思考力の向上が不可欠であると考えます。特に，ケンブリッジ大学の面接過程では自らの考えを明確かつ論理的に伝えるスキルが求められます。また，ハーバード大学ではホリスティックなアプローチが重視され，学業成績だけでなく個性や熱意が評価されます。このような違いを理解し，イギリスやアメリカの大学・大学院受験対策を進めることが合格への近道であると考えます。

　さらに，ケンブリッジ大学とハーバード大学を 10 項目にわたり比較し，それぞれの独自性や異なる魅力について詳細に論じながら，合格への鍵となる対処方法についても深く考察します。ケンブリッジ大学はイギリスの，ハーバード大学はアメリカの教育界において象徴的な存在であり，両大学は国際的な学際的な研究と共同プロジェクトにも積極的に取り組んでいます。

　このエッセイを通じて，ケンブリッジ大学とハーバード大学における私の経験を共有し，未来の志望者たちに向けてエールを送り，国際的な学びの重要性や挑戦を乗り越える勇敢さの必要性を

訴えたく思います。新たな環境での学びと経験が，私の人生において大きな転機となり，その後の挑戦に対する勇気と自信を養うことができ，読者にも自身の可能性を信じ自己成長のために国際的な学びへと舵を切る勇気を持って頂きたいと切に願っています。

目　　次

第1章　在外研究の準備

1.1　ケンブリッジ大学へ出願

　アメリカの大学院での修士課程をハーバード大学で過ごすという経験は，私の人生における重要な転機でした。そのキャンパスがアメリカのケンブリッジ市に位置していることに気づいた瞬間，遠く離れたアメリカの地でなぜかイギリスの影響を感じ，特に，ケンブリッジの名前には不思議な引力を感じていました。そして，アメリカのケンブリッジで暮らす中で，この場所がなぜ「ケンブリッジ」なのかに興味を抱き，その由来を調べるうちに，遠く離れたイギリスのケンブリッジ大学が歴史的な背景と共に浮かび上がってきました。異なる大陸にまたがるこの偶然の繋がりは，私の心に深い好奇心と魅力を呼び覚ました。このことが，私の心にイギリスのケンブリッジ大学への興味を深めるきっかけとなったのです。

　イギリスのケンブリッジ市は，古くから学問と知識の中心地として知られており，800 年以上にわたる歴史を有するケンブリッ

ジ大学がその誇りです。中世から現代に至るまで，この街は知識の花開く場所として多くの人々を魅了してきました。その歴史的背景と名声は，革新的な研究と卓越した教育への貢献に裏打ちされ，私がケンブリッジ大学を訪問研究先として選んだ背景には，その世界的なステイタスと学術的評価がありました。このステイタスは単なる名声だけでなく，研究環境や学際的な交流の充実さとも関連しており，私の研究への影響も大きいと考えました。

　私自身，特に，言語学と文化の交差点に興味を抱いており，所属教員の研究業績や研究内容を確認することで，ケンブリッジ大学の言語学部（Faculty of Modern and Medieval Languages and Linguistics）が私の探求心を満たす場所であると確信しました。言語学部は，現代言語と中世言語の研究および言語学の研究を専門とする学部で，これには多くの異なる言語が含まれます。主要な言語には，フランス語，スペイン語，ドイツ語，イタリア語，ロシア語，中国語，アラビア語などがあります。また，この学部は，言語学や文学研究，翻訳，文化研究などの多くの分野にわたる学際的なアプローチを採用しています。言語学的手法を駆使して異なる文化や言語を解明し，その言語の構造や変遷，相互作用を理解することが重要視されています。これには言語学のサブフィールドである歴史言語学，社会言語学，応用言語学などが含まれます。所属教員と学生は，異なる文化とその言語の密接な関係に焦点を当て，歴史的背景や言語の変遷，言語が反映する社会構造などを言語学的な手法を用いて徹底的に調査します。

　その言語学部の私の指導教授であるヘンドリックス教授の研究には，言語の複雑さと進化に関する深い洞察があり，その研究に

ケンブリッジ大学言語学部が所在する Raised Faculty Building

触れることが私の成長に大いに寄与すると考えました。このような背景から，私はケンブリッジ大学の言語学部へ客員研究員として出願することにしました。2019 年の夏ごろからヘンドリックス教授とコンタクトをとり，出願に必要な資格（Ph.D.）証明書，研究計画書，業績資料，推薦状など，必要な書類を提出し，言語学部での選考過程を経て，正式に客員研究員（visiting scholar）として受け入れていただけることが決まったのが 2020 年の 2 月でした。

1.2　パンデミックの発生

　2020 年 2 月，私はケンブリッジ大学言語学部の客員研究員としての受入れ通知を頂き，それに伴い，本務大学の青山学院大学に 2021 年 4 月からの在外研究を申請しました。在学研究が正式に決定したのは，2020 年の夏ごろでした。ところが，この時期はまさに新型コロナウイルス感染症が世界中で広がり始めていた

時期でした。イギリスでは 2020 年初頭から新型コロナウイルス感染症の感染が広がり，3 月には感染者数が急増しました。政府は感染拡大を抑制するために封鎖措置を実施し，国内および国際的な移動制限を設け，人々が集団で集まる学校関連施設，スポーツ施設，娯楽施設などで人数制限を設けたり閉鎖されたり，また，多くの人々が自宅待機するようになりました。同時に，新型コロナウイルス感染症ワクチンが承認されると，イギリス政府は大規模なワクチン接種プログラムを展開し高齢者や医療従事者などのグループに優先的にワクチン接種を開始し，2020 年末までに多くの人々にワクチン接種を行いました。2020 年中には，イギリス国内で数回の封鎖や制限緩和が行われ，感染状況に応じて対策が調整されましたが，感染者数は波があり，一時的な改善と再び増加のサイクルが続きました。この期間中，多くの人々が感染し，亡くなり，医療機関や保健システムが大きな圧力にさらされました。この状況により，当初の予定から外れる形となり，結果的に在外研究の開始とケンブリッジ大学言語学部での客員研究員としての研究の開始を 2021 年 9 月へと変更することとなりました。

　このような状況下での計画の変更は，私にとっては先行きの見えない不安な選択となりました。しかし，世界的なパンデミックの影響により，国際的な移動や学術交流が制約を受ける中，安全と健康を最優先に考えた末での判断で，研究の継続と成果を追求する一方で，社会的責任を果たす意識を反映したものでした。2020 年の出来事は，計画がどれだけ緻密に立てられていても，予測困難な状況が生じることを示しましたが，私はこれを挑

戦と捉え，柔軟な対応と創造的なアプローチによって新たな展望と研究の機会へと導いてくれものと信じました。この経験は，研究者としての柔軟性と危機管理能力の重要性を改めて認識させてくれました。

　2021 年 9 月への開始日の変更によって，私のケンブリッジ大学での研究への意欲を減じることはありませんでした。むしろ，より深い学際的なアプローチを追求し，異なる文脈での学びを得る機会を楽しみにするようにしました。また，在外研究開始が 5 カ月遅くなったことで，その期間を準備期間とし，コロナウイルスの流行中，イギリスポンド円のレートは 145 円から 150 円の間を往復していましたので，有利なレートの時に必要なポンドを購入することにしました。

1.3　ケンブリッジ大学のカレッジへの出願

　ケンブリッジ大学言語学部での客員研究員としての研究開始と在外研究の開始が 2021 年 9 月からとなり，ケンブリッジ大学の伝統に従い，どのカレッジに所属するかを考えました。客員研究員は，カレッジ所属は必須ではないのですが，ケンブリッジ大学では，学術的な活動だけでなく，各カレッジ固有の文化や社会的な交流も重視されているので，その伝統に則って研究生活を送りたいという願望から，ケンブリッジ大学に所属する 31 の独立したカレッジから，クレアホール（Clare Hall）というカレッジに所属したいと考えました。

　クレアホールは 1966 年に設立された比較的新しいカレッジで，

大学院生やフェロー，研究者，作家，芸術家など幅広いバックグラウンドを持つメンバーを歓迎しています。クレアホールへの所属を希望した際，家族と一緒に滞在することも希望して出願しました。しかし，この時期は新型コロナウイルス感染症パンデミックが影響を及ぼしており，多くの場所で家族の受け入れが難しい状況でした。そのため，クレアホールも家族の受け入れを制限している可能性があると感じられました。残念ながら結果としてクレアホールへの所属は叶わなかったのですが，あきらめずに次の選択肢を探しました。

　そこで，今度は31の独立したカレッジの中からウルフソン（Wolfson）・カレッジへの出願を試みました。出願の際，ウルフソン・カレッジへの滞在は家族同伴ではなく，個人のみで滞在する意向を伝えました。ウルフソン・カレッジは，1965年に設立され，クレアホール同様，比較的新しいカレッジとなります。このカレッジは，学部や大学院レベルの学生，研究者を受け入れ，さまざまな分野の研究と学際的なアプローチを奨励しています。学部レベルの学生のほとんどは20代から30代前半ですが，30代，40代，それ以上の年齢の学部生も所属し，学生の3分2は大学院生となります。学術的な多様性を尊重し，異なる分野やバックグラウンドを持つ人々が交流し，刺激的な学習と研究の環境を享受することができます。研究計画書，業績資料，推薦状など，必要な書類を提出し，カレッジでの選考過程を経て，正式にウルフソン・カレッジへの客員研究員（visiting fellow）としての受け入れが決まりました。この選考過程では，応募書類の審査などが行われ，研究者としての経験や能力，研究計画が評価され

ウルフソン・カレッジの正面写真

ました。その結果，ケンブリッジでの研究生活の第二歩目を踏み出すこととなりました。

1.4 ケンブリッジの住まい

2021 年 9 月の時点では，多くの大学や学術機関が新型コロナウイルスパンデミックによる制約や安全対策に対応して，学生の住居事情についても，大学施設や学生寮の利用制限，感染拡大を防ぐためのガイドラインに従った運用が行われていました。私はウルフソン・カレッジにおいて客員研究員として所属は決まり，ウルフソン・カレッジ内の学生寮を利用することができたのですが，その当時パンデミックによる規制により，一時的に滞在が許可されませんでした。

仕方なく家族が来るまでの間，ケンブリッジで自主隔離が必要な期間であっても間借りできる物件を探してみました。何とか見つけ出せたのが家具とサービス付きの Cambridge Serviced Rooms というルームシェア物件で，すでにほとんどの部屋は埋

まっていましたが，1部屋をお借りすることにし自主隔離となる3週間お世話になりました。到着して3日目のPCR検査では陰性となり，8日目のPCR検査でも陰性となり，晴れて自由の身となり，まずは住居を探すことにしました。日本を出国前から，ケンブリッジ大学のアコモデーションサービスに登録をしていて，オンライン上にでる物件に目を通していたのですが，目ぼしい物件がでたら家主とコンタクトをとり，物件の詳細について情報を入手しました。しかし，訪れたことのないイギリスのケンブリッジでオンライン上のみで物件を決めることには抵抗があり，実際にケンブリッジに到着して，直接物件を見てから住むべき住居を決めようと考えていました。

　しかし，多くの企業や機関がコロナウイルスの影響でリモートワークを導入し，従業員がオフィスに出勤する必要がなくなったため，住む場所に固定されない働き方が増えました。これにより，ケンブリッジ大学の学生が大学を卒業して就職した後もケンブリッジに住む選択肢が広がり，物件市場にも影響が出ました。そして，ケンブリッジ大学卒業後もケンブリッジに残る人々に対する住居需要が増加し，空き物件数が少なくなり物件の競争が激化し，希望する物件を見つける難しさに拍車をかけました。さらに，コロナウイルスの影響で対面授業からオンライン授業へと移行した授業もありましたが，すべての授業がオンラインとなったわけではなく，対面授業を受けるためにケンブリッジに戻る学生が10月の新学期開始直前に増えました。結果として新学期開始前の数週間は物件探しを積極的に行いましたが，良い物件は早めに借り手がついてしまっていました。このような事情で家族と住

む物件探しには非常に苦労しました。時期が時期だけにケンブリッジ大学のアコモデーションサービスを通して目ぼしい物件を探してみましたが，なかなか見つかりませんでした。そして，ようやく家族と一緒に住めそうな3ベットルームのセミデタッチドハウスが空き物件として出されていて，実際に物件を確認し契約を交わすことにしました。イギリスの住宅は，大まかに以下の三つのカテゴリーに分けることができます。

(1)　テラスハウス：一連の家が隣り合って建てられ，連なるようになっているタイプの住宅です。フロントとバックに庭があり，中央の家が隣接していることが一般的です。都市部でよく見られ，狭い土地を有効活用するために建てられます。

(2)　セミデタッチドハウス：一方の側面が隣の家と共有されている住宅です。もう一方の側面は外壁を持ちます。一般的な家族向け住宅であり，個人のプライバシーを保ちながら隣人と接して暮らすことができます。

(3)　デタッチドハウス：他の建物と一切接していない独立した住宅です。四方が空間に囲まれており，プライバシーや庭のスペースを持つことができます。広い土地に建てられることが多いです。

その契約を交わした物件でいいところは，非常に便利なところに位置していたことでした。ケンブリッジ市の中心のグリソンロードに位置しており，ケンブリッジ駅までは徒歩10分，パーカーズピースという公園には徒歩10分という，生活をするうえ

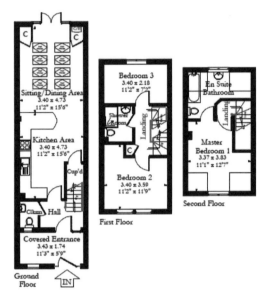

契約した物件の間取り図

では非常に便利なところにある物件でした。また，1ヶ月の家賃が 2200 ポンドで，インターネットや光熱費がすべて含まれていました。

1.5　イギリスの国民保険サービス

　家族を伴っての新型コロナウイルス感染症の流行期間中の在外研究ということで，医療的な処置が懸念事項の一つでありました。幸いにもイギリスには国民保健サービス（NHS）があり，外国人でもイギリスに滞在の際に NHS に登録することができるこ

とを知りました。NHS は無料または低料金でさまざまな医療サービスを受けることができます。これには一般的な医療診療，入院，手術，予防接種，処方箋薬の提供などが含まれます。NHS に登録すると新型コロナウイルス感染症やインフルエンザなどの予防接種もしていただき，私達家族は非常に助かりました。

　NHS に登録するために，最初に，私たちが借りた家に近い一般開業医（GP）を探すことにしました。他の日本人の在外研究者に話を聞き，近くにレンズフィールド・メディカルプラクティス（Lensfield Medical Practice）という評判の良い GP があるということで，レンズフィールド・メディカルプラクティスを GP に決めて NHS に登録することにしました。レンズフィールド・メディカルプラクティスが私達家族の NHS の基本的な医療アクセスポイントとなり，NHS 登録の最初のステップとしては，選んだ GP に登録フォームを提出します。このフォームには基本的な個人情報（氏名，住所，生年月日など）が含まれます。通常，GP のウェブサイトからダウンロードできますが，診療所でも入手できます。また，登録フォームに必要な身分証明書（パスポート，免許証など）も提出が必要となります。提出したフォームと身分証明書の審査が終了すると，GP によって NHS に正式に登録され，GP のウェブサイトから NHS への登録情報を確認することができます。

　NHS はイギリス国民の健康と医療における重要なサービスを提供しており，NHS の運営にはイギリスの税金が適用されていますが，私達のような一時的にイギリス滞在する外国人にも登録

の機会が与えられ，特に，コロナ下では予防接種や治療の恩恵を受けることができました。イギリスの NHS は一般的に高く評価されていますが，いくつかの問題や課題も存在します。NHS の運営には税金が使用され，年々増加する医療コストにより予算不足となり，患者にとって診察や手術の待ち時間が長くなることがあります。さらに NHS スタッフの待遇面が関係して，医師，看護師，その他の医療スタッフの不足が問題となっています。日本と同様，イギリスの人口が高齢化しており，高齢者の医療ケアへの需要も増加しています。これにより，高齢者ケアの効率性と質の向上が求められるようにもなっています。これらの問題点はNHS が直面している課題の一部ですが，イギリス政府や保健当局は改善策を模索し，NHS を持続可能かつ高品質な医療サービスとして維持しようと努力しています。医療制度の改革や予算の増加など，さまざまな取り組みが行われていますが，課題の解決は時間と努力を要するものです。

1.6　ケンブリッジでの交通手段

　ケンブリッジ大学の学生は，さまざまな交通手段を利用してキャンパスや市内を移動することができます。特に，ケンブリッジは自転車に非常に適した都市とされています。多くの学生が自転車を利用して通学や市内の移動を行っており，大学キャンパスには自転車駐輪場も多く設置されています。公共交通機関としては，ケンブリッジ市内にはバス路線が充実しており，市内各所を結ぶ便があり，学生にとって便利な手段です。また，2 階建てバ

スが運行されており，2 階建てのデザインは，多くの乗客を収容しやすくするために採用され，上階からの眺望が楽しめることや，アイコニックな特徴としても知られています。さらに，鉄道のケンブリッジ駅は市内にあり，ロンドンへの鉄道路線も通っています。学生は鉄道を利用してロンドンや他の都市へのアクセスが可能で，グレート・ノーザン鉄道とグレーター・アングリア鉄道を利用することができます。グレート・ノーザン鉄道は，ケンブリッジからロンドン・キングス・クロス駅までの路線を運行しています。所要時間は約 1 時間から 1 時間半程度です。また，グレーター・アングリア鉄道は，ケンブリッジからロンドン・リヴァプール・ストリート駅までの路線を運行しています。所要時間は約 1 時間半から 2 時間程度です。こちらの路線は停車駅が多いため，所要時間がやや長くなることがあります。

　これらの交通手段の中で，ケンブリッジ大学の学生は，自転車が非常に一般的な交通手段であるため，自転車を持つかレンタルすることが多いです。私は，サイクルキングという自転車屋で新しい自転車を購入し，ケンブリッジ大学での 1 年間の在外研究を迎えることにしました。1 年間の自転車活用法は，単なる移動手段を超えて，私の大学生活を彩る要因となりました。朝日の下で大学へ向かう道は，日々の活力を与えてくれるだけでなく，自転車に乗りながら感じる風のなごりは，新たなアイデアの発見を後押ししました。大学キャンパス内のさまざまなカレッジを自転車で行き来しながら，友人との交流の場を広げ，新しい世界観に触れることができました。ケンブリッジ市内の探索も，私の自転車にとっては冒険の場となりました。歴史的な建造物やカフェの

隠れた名所に辿り着くための信頼の相棒として，私の足跡を繋ぎました。さらに，自転車は健康とアクティビティの促進手段でもあり，市内の公園を巡るサイクリングや，自然に囲まれた道路での走行は，身体と心に新たなエネルギーを注ぎ込んでくれました。そして，1年間の中で自転車を通じて得ることができる最も貴重なものは，コミュニティへの参加です。自転車を通じて地元のイベントやアクティビティに参加し，新しい友人との交流の場を拡げたことでした。自転車のお陰で，異なるバックグラウンドや文化を持つ人々と出会い，共に過ごすことができ，学問以外の学びも得ることができました。

第2章　在学研究のスタート

2.1　研究施設並びにシステム利用の手続き

　ケンブリッジ大学の学期のシステムは，他の大学とは異なる独自のシステムを採用しています。ケンブリッジ大学は，英国の大学の中でも伝統的で格式のある大学の一つであり，その教育システムも独自性を持っています。ケンブリッジ大学は通常，3学期制を採用しており，それぞれの学期は，マイケルマス（Michaelmas）・ターム，レント（Lent）・ターム，イースター（Easter）・タームと呼ばれます。

　マイケルマス・タームは通常，10月初旬から12月中旬までの約8週間の学期です。この学期は秋学期に相当し，新しい学年が始まる期間です。レント・タームは1月中旬から3月中旬までの約8週間の学期です。この学期は冬学期に相当し，学年の前半を締めくくる期間です。そして，イースター・タームは4月中旬から6月中旬までの約8週間の学期です。この学期は春学期に相当し，学年の後半を終える期間です。

　ケンブリッジ大学の10月から始まるマイケルマス・タームにあわせて，まずはウルフソン・カレッジで開催されるレセプションに招待されました。学生，教職員，フェロー，研究者などが参加し，新学期のスタートを祝う場です。軽食や飲み物が提供され，参加者同士が交流を図る機会となりました。2020年においては新型コロナウイルス感染症のパンデミックの影響により，大学やカレッジは感染拡大を防ぐためにさまざまな制限や対策を実施する必要があり，レセプションなどのイベントも中止，延期，オンライン化される場合が多く，ウルフソン・カレッジにおいても健康と安全を最優先に考えて，2020年においてはレセプションなどのイベントを中止としました。しかし，2021年度からは，久しぶりの学期始まりのレセプションの再開となりました。

　また，客員研究員として在籍するケンブリッジ大学言語学部では，最初にしたことは指導教授のヘンドリックス教授と会い，研究テーマや計画について確認し，定期的にコミュニケーションを取り合って，アドバイスやフィードバックを頂ける約束を頂いたことでした。

　ケンブリッジ大学言語学部とウルフソン・カレッジで客員研究員として研究を始める前には，諸々のステップを踏む必要がありました。最初に，ネットワークアカウントの設定が必要となり，ケンブリッジ大学とウルフソン・カレッジでは，ネットワークアカウントを作成してインターネットや電子メールにアクセスできるようにしました。次に，図書館と研究施設の利用方法の確認をしました。ケンブリッジ大学の中央図書館とウルフソン・カレッジの図書館や研究施設を効果的に利用するためのガイダンスや指

示を受け，研究資料の入手方法やそれに必要な設備の予約方法，
アクセス情報などを教えていただけました。さらには，言語学部
とウルフソン・カレッジの施設に入るためのセキュリティやアク
セス手続きをする必要があり，カードキーやアクセスコードの取
得方法を知ることで，施設へのスムーズなアクセスが可能となり
ました。

　上記のステップを踏んで準備を整えることで，言語学部やウル
フソン・カレッジでの研究をよりスムーズに開始することができ
ました。特に，ケンブリッジ大学の中央図書館は，デジタル化さ
れた書籍や学術論文へのアクセスを提供しており，図書館まで行
かなくとも自宅から多くのデジタルリソースにアクセスしダウン
ロードが可能なのが非常に助かりました。また，ウルフソン・カ
レッジの図書館は 24 時間使用が可能で効率的な研究作業をサ
ポートしてくれました。

2.2　ニューカマーへのもてなし

　ケンブリッジ大学には新しくケンブリッジ大学に来られた学
生，研究者，その家族をもてなすしきたりがあり，ケンブリッジ
大学のウェブサイトには Newcomers and Scholars というセク
ションがあります。ボランティアのグループは，ケンブリッジ大
学からの資金援助を受けながら，新しく来られた方々とその家族
を対象にした定期的な活動やイベントを開催し，ケンブリッジ大
学での滞在を思い出深きものにするようにお手伝いをされます。
活動やイベントは学期中に行われ，大学の休暇週では行われませ

ん。活動についての詳細は，ケンブリッジ大学のウェブサイトの Newcomers and Scholars のところに詳細情報が掲載されています。Newcomers and Scholars のセクションを通じて登録すると，担当者からのメールが届き，イベントの案内を直接受け取ることができます。また，イベントの参加のための予約はイベントカレンダーを通じて行うことができます。

　私がよく利用したイベントの一つに informal coffee hours があります。このイベントは，毎週火曜日，10 時 30 分から 11 時 30 分まで，ユニバーシティ・センターで開催されるもので，他の客員研究員，大学院入学者，ボランティアの方々と一緒にコーヒーを楽しみながらおしゃべりをするイベントです。このイベントを通じて，多くの日本からだけではなく他国から来られた客員研究員と友人となり学部やカレッジについての情報交換を行いました。新しい友達を作ったり，他の人とつながったりする素晴らしい機会でした。

　ケンブリッジの伝統的なイングリッシュパブ巡りというイベントもおすすめの一つです。ケンブリッジには多くの伝統的なパブがあります。パブではイギリスの伝統的な料理であるフィッシュアンドチップス，パイ，ローストした肉をメインとするローストディナーを食べることができ，地元のビールを楽しむこともできます。ケンブリッジには多くの有名なパブがありますが，その中でも特に知名度が高いのが，イーグルパブ (The Eagle) です。イーグルパブはケンブリッジ大学の学生と関連が深く，ジェームズ・ワトソンとフランシス・クリックが DNA の二重らせん構造を発見したとき，その発表はイーグル・パブで行われました。

パブの天井には飛行機や落書きがあり，歴史的な雰囲気が漂います。また，アンカーパブ（The Anchor）も有名なパブの一つで，ケンブリッジの川沿いに位置し，美しい川景色を楽しみながら飲食できる場所として人気があります。特に，夏には多くの人が訪れ，「ピムズ」を楽しむことができます。ピムズは，イギリスの伝統的なカクテルの一つで，特に夏季に人気があります。ピムズは，ジンベースのリキュールで，フルーツとハーブの風味が豊かな飲み物です。さらに，訪れたパブの中で印象に残っているものにフリープレス（The Free Press）があります。このパブは地元ではアレルギー体質の方に配慮したメニューを提供するパブで知られており，クラフトビールのセレクションが非常に豊富です。地元の文化とコミュニティに貢献しているこというとでも有名なパブです。地元のビールを出しているということでは，ミルパブ（The Mill）やレッドライオン（The Red Lion）も有名です。両パブともに，歴史的な風格を持ち，地元のビールともに伝統的なイギリスのパブ料理を提供しています。ライブ音楽やエンターテイメントイベントで知られており，地元のビールと料理も楽しめます。先ほどの informal coffee hours と同様に，パブ巡りイベントを通じて他の客員研究員と出会うことができ，さまざまな情報の交換ができる良き機会を提供してくれます。

　さらに，カレッジの夕べの聖歌隊の讃美歌イベントも非常に興味深いものです。多くのケンブリッジのカレッジには英国国教会の礼拝堂があり，その礼拝堂で聖歌隊が讃美歌を披露してくれます。毎週異なるカレッジを訪れ，40 分ほどの礼拝のなかでの聖歌隊が披露する讃美歌を聞きます。以下は，いくつかのケンブ

リッジ大学のカレッジとその特徴的な聖歌隊イベントの一部です。

(1)　キングス・カレッジ：聖歌隊はクラシック音楽愛好家や礼拝堂の訪問者にとって非常に有名で，クリスマス・イヴに行われる「A Festival of Nine Lessons and Carols」は世界中に放送され，クリスマス・シーズンにおいて魅力的なイベントです。

(2)　セントジョンズ・カレッジ：聖歌隊はクラシック音楽の分野で高い評価を受けており，クリスマスの「Christmas Concert」が有名です。このコンサートは英国の国内外からの多くの観客を魅了します。

(3)　トリニティ・カレッジ：ケンブリッジ大学最大のカレッジの一つで，美しいチャペルと歴史的な建物が特徴です。礼拝堂での定期的な礼拝や演奏活動は，音楽愛好家にとって魅力的なものでクラシック音楽の分野で国際的な評価をうけています。

(4)　クイーンズ・カレッジ：礼拝堂での定期的な礼拝や演奏を通じて，クラシック音楽の美しさを広めており，ケンブリッジ大学の音楽の伝統を継承し，その卓越した歌唱力と音楽的な実績で音楽愛好家にとって重要な存在とされています。

　最後に，客員研究員の家族の方におすすめなのが英語によるディスカッションと英会話のクラスです。ディスカッションでは英語のレベルに関係なく，異なる文化的視点から興味深いトピッ

クを議論します。異なる文化的背景をもつ参加者と議論すること
で，世界各地の異なる視点を学ぶことができます。また，英会話
はディスカッションイベントとよく似ていますが，規模的には小
さく，英国や他の国々での文化を学びつつ新しい友達を作ること
を目的としています。

2.3　ケンブリッジ大学の言語科学研究会

　私の専門は認知言語学とその応用なので，ケンブリッジ言語科
学研究会に登録し，言語に纏わるセミナーや講義に参加しまし
た。ケンブリッジ大学の言語科学研究会はケンブリッジ大学所属
の学際的な研究センターの一つで主に言語に纏わる研究センター
で，言語学の基礎，言語獲得，言語技術（自然言語処理，音声認
識，機械翻訳），言語多様性，脳と言語，言語と社会に関する研
究に特化しています。言語科学研究会センターのバーチャルネッ
トワークは，ケンブリッジ大学内の学部だけでなく，世界をリー
ドする他の研究機関の研究者とのつながりを提供し，異なる学問
分野間での研究協力と知識の共有を強化し，言語研究に関連する
大規模な学際的な研究課題に取り組んでいます。また，言語科学
に関する研究を促進するためにさまざまな形式の研究会やイベン
トを開催しています。これらの研究会は，異なる学問分野からの
研究者や専門家が集まり，アイデアの交流や新しいプロジェクト
の発展を支援する場として機能します。研究会の形式は，セミ
ナーと講義，ワークショップ，学会，ネットワークイベントとな
ります。セミナーや講義は，特定のトピックに焦点を当てたプレ

ゼンテーションやディスカッションを提供し，専門家やゲストスピーカーが国内外から招かれ，最新の研究やトピックについて講義を行ったり，質問応答セッションを行ったりします。ワークショップは，特定の研究トピックに取り組むための参加型のイベントです。研究者は，共同で問題を解決し，アイデアを共有し，新しいプロジェクトのアイデアを練ることができます。大規模なイベントとしては，学会があり，広範な研究トピックに関連する複数のセッションやパネルディスカッションが開催され，国際的に著名な専門家が参加し，研究成果を発表し，意見交換を行います。

　言語科学研究会がカバーする分野の言語と脳，言語と人工知能（AI）については特筆すべきものがあります。扱われる研究トピックは，「言語と脳」と「言語と AI」となります。「言語と脳」の研究は神経言語学と脳画像研究から構成されており，神経言語学では言語処理が脳内でどのように行われるかを調査し，言語障害や脳損傷に関連する神経学的なメカニズムを研究します。また，脳画像研究では fMRI や EEG などの脳画像技術を使用して，言語タスク中の脳活動を観察し，言語処理の神経基盤を解明します。さらに，「言語と AI」の研究は自然言語処理，対話型 AI，言語生成から成り，自然言語処理では機械学習アルゴリズムを用いて，テキストデータの解析，機械翻訳，感情分析，質問応答システムの開発などを扱い，対話型 AI では人間とコンピュータの対話を理解し，自然な対話を行う AI エージェントの開発を研究します。そして，言語生成ではコンピュータが自然な文や文章を生成するための技術を開発し，文章生成モデルの向上

に取り組みます。言語科学研究会の「言語と脳」，「言語と AI」の研究は非常に多岐にわたり，言語科学の異なる側面に焦点を当てています。その結果，新しい洞察を提供し，実世界の応用に役立つ成果を生み出しており，在外期間中，「言語と脳」，「言語とAI」の関するセミナーや講義に参加することで，私は多くの事を学ぶ有意義な機会となりました。

2.4　統計クリニック

　ケンブリッジ大学で研究をするうえで，非常に助かったのが「統計クリニック」と呼ばれる統計に関するアドバイスやサポートを提供してくれるサービスです。これは，ケンブリッジ大学の学生や研究者が無償で統計的な質問や課題に対してアドバイスやガイダンスを受けるためのリソースとして提供されており，数学学部の純粋数学学科および数理統計学科のサブ部門で，数学学部の一部である統計学研究室によって提供されているサービスです。統計を専門にしている常勤スタッフと大学院生が構成員で統計に関する高いレベルでのアドバイスやサポートをしています。

　統計クリニックの主たる目的は，統計学に関する質問や課題に対する支援を提供し，学生や研究者がデータ分析や統計的手法を適切に理解し，適用できるようにすることです。提供される具体的なサービスとしては，統計的なデータ解析，実験計画，統計ソフトウェアの使用方法，統計的な質問に対するアドバイスなど，さまざまな統計関連の質問やトピックに対するサポートとなります。これらのサービスは，個別の相談セッション，ワークショッ

プ，セミナーなどの形式で提供されます。サポートを受けるためには，事前にケンブリッジ大学の統計クリニックのサイトより予約を行う必要があります。統計クリニックは通常学期期間内で利用でき，予約の方法や利用可能な日程については統計クリニックのサイトに表示されています。

ケンブリッジ大学の統計クリニックは，私にとって非常に貴重なリソースであり，学期期間中に私の研究において欠かせない存在でした。実験で得られたデータの統計処理方法がわからず行き詰ったとき，統計クリニックは私にとって救いの手となり，私が進むべき道を示してくれました。統計クリニックのスタッフは，統計の専門家であり，私が抱える統計的な課題を理解し，私がわかるまで懇切丁寧に熱心に指導してくれました。彼らは私に使用すべき統計処方を丁寧に教えてくれただけでなく，その後のフォローアップ・サポートは非常に心強く，自信をつける助けとなりました。統計クリニックのおかげで，私は研究プロジェクトを進めることができ，さらには完遂することができました。彼らのアドバイスと指導により，私はデータの収集，分析，結果の解釈に関するスキルを向上させ，研究の品質を向上させることができました。彼らの専門知識と熱意がなければ，私の研究は進展せず，成果を上げることは難しかったと思います。

2.5 ケンブリッジ大学での教育

ケンブリッジ大学とオックスフォード大学は，オックスブリッジと総称され英国内外で広く使用される言葉です。イギリスでは

伝統的な大学であるオックスブリッジは，いくつかの共通点があ
りながらも，いくつかの違いも存在します。周辺環境的な観点か
らみると，共通点は，両大学ともに大学近くに川が流れ，その川
に沿って大学の建物，美しい中世の建造物や街並みが形成されて
います。ケンブリッジ大学はケム川，オックスフォード大学はテ
ムズ川に隣接し，川沿いには多くのカレッジや建物が建ち並び，
美しい散歩道やボートに乗る機会をも提供してくれます。違いと
しては，ケンブリッジは自然に囲まれた静かな環境に恵まれてい
るのに対して，オックスフォードはショッピングエリアなどが充
実しており，都市的雰囲気を醸し出しています。

　教育的な共通点としては，両大学ともにカレッジ制度持ってい
るということです。ケンブリッジ大学は31の独立したカレッジ，
オックスフォード大学は30以上のカレッジから構成されており，
各カレッジには異なる文化や特徴が存在します。そして，両大学
ともに幅広い学問分野を提供していますが，ケンブリッジ大学は
自然科学と工学の分野で強みを持っているのに対して，オックス
フォード大学は人文科学と社会科学の分野で特に有名です。

　ケンブリッジ大学では独自の教育体系を持っており，大きく分
けると三つに分けることができます。それらは，個別的なスー
パービジョン，講義，セミナーとなります。個別的スーパービ
ジョンは，指導教員による個別または小グループに対する指導
セッションのことでディスカッションを含む形式で行われます。
学生が授業内容を深く理解し，議論するスーパービジョン形式は
学生の学習プロセスを重要な部分として捉え，定期的に行われま
す。このスタイルをケンブリッジ大学では「スーパービジョン」

と呼びますが，オックスフォード大学では「チュータリング」という用語が使用されています。チュータリングは，ケンブリッジ大学と同様に，オックスフォード大学の教育システムに組み込まれており，学生が定期的に個別または少人数のチュータリアルセッションを受けることが一般的です。ケンブリッジ大学とオックスフォード大学の間には，教育や大学制度に関するいくつかの異なる伝統と慣習が存在するため，同様の教育プラクティスに異なる用語が使用されることがあります。両大学は英国の最も古い大学であり，独自の教育システムを持っているため，用語の違いが存在するのかもしれませんが，基本的な目的としては，個別指導や少人数での指導を通じて学生の学習を促進し，アカデミックなスキルを向上させることに変わりはありません。

また，ケンブリッジ大学でも，他の多くの大学と同様に，大規模な集団での講義が行われます。講義は基本的な概念や理論を紹介し，学生に広範囲な知識を提供します。ケンブリッジ大学の講義形式の授業が他の多くの大学と異なる点は，スーパービジョンが補完的な要素として提供されることです。講義に加えてスーパービジョンが用意されることで，個別指導や少人数の指導を通じて学生の講義内容の理解を深め，批判的思考や議論のスキルを養う機会を与えます。

さらに，講義とスーパービジョンの中間的な形式としてセミナー形式の授業が行われることもあります。これはより少人数のグループでの議論と活発な参加を促すための授業フォーマットです。セミナー形式の授業は通常，講義やスーパービジョンと組み合わせて行われ，学生に多様な学習経験を提供する一環として位

置づけられます。

　スーパービジョン，講義，セミナーの三つの教育方法は，相互に補完的であり，通常，同じ科目やトピックに関連付けて用いられます。一般的なシナリオでは，講義は基本的な知識の提供に使用され，スーパービジョンとセミナーはその知識を深化させ，学生が議論し，研究し，自己学習を進める機会となります。異なる学部や学科によって具体的なアプローチは異なる場合がありますが，三つの組み合わせにより，幅広いアカデミックスキルを養い，深い理解を得ることを可能にしてくれます。

2.6　カレッジでの生活

　ケンブリッジ大学のカレッジ制度は独特であり，学生は大学全体のアカデミックコミュニティに加えて，所属するカレッジの小さなコミュニティにも参加することになります。多くの学生が10月から始まるマイケルマス・タームの新学期を迎えるため，9月は多くの学生が移動や物件探しを行う時期となります。ケンブリッジ大学の学生は，大学内の学部やコースに応じて所属するカレッジ内の宿舎に滞在することが一般的ですが，必ずしもそのカレッジの学生寮に滞在しなければならないわけではありません。大学にはカレッジ以外の宿舎オプションも用意されている場合があります。ただし，カレッジ内の宿舎に滞在することで，カレッジのコミュニティに深く統合され，アカデミックや社交的な活動に参加しやすくなります。要するに，ケンブリッジ大学の学生はカレッジに滞在することが一般的であり，そのカレッジでの滞在

がアカデミックおよび社交的な経験を豊かにする要因となることが多いです。ケンブリッジ大学には 31 のカレッジが存在し，それぞれ独自の特徴や人気があります。人気のあるカレッジは時折変動することもありますが，人気のあるカレッジとしてよく聞いたのが，トリニティ カレッジ，セントジョンズ・カレッジ，キングス カレッジ，エマニュエル カレッジなどでした。トリニティ カレッジは，ノーベル賞受賞者や，フィールズ賞受賞者，アイザック・ニュートンなど数多くの著名人を輩出しているカレッジで，チャールズ国王が進学したカレッジとしても有名です。ケンブリッジ大学最大のカレッジで，美しいキャンパスと格式ある歴史があり，学生数も多く，幅広い学問分野で優れた教育が行われています。セントジョンズ・カレッジはトリニティ・カレッジと同様，人気のあるカレッジで入学倍率が高く，観光名所の「ため息橋」があることでも有名です。また，キングス・カレッジは初代英国総理大臣ロバート・ウォルポールや多数のノーベル賞受賞者を輩出し，ケム川から見えるゴシック建築のチャペルは壮麗で荘厳な構造を有しています。そして，エマニュエル・カレッジは美しい庭園と快適な居住施設が特徴で，1600 年代にアメリカのニューイングランド地方に移住したイギリス人の多くはエマニュエル・カレッジの卒業生であり，その中には，ハーバード大学の創設に関与したジョン・ハーバードが含まれることでハーバード大学との交流があります。

　これらは一部の例であり，ケンブリッジ大学の他のカレッジも個々の特徴や強みを持っています。留意すべきは，どのカレッジが最も適切な選択かは個人の好みや専攻によっても異なります。

ケンブリッジ大学のカレッジは，学生に多くの施設や設備を完備
しており，学習，生活，娯楽，社交などのさまざまな側面でサ
ポートを提供します。カレッジの学生寮に滞在する場合，学生は
カレッジ内の宿泊設備で生活し，一人部屋からシェアの部屋まで
さまざまな選択肢があります。食事施設としては食堂があり，学
生はここで食事をとります。朝食，昼食，夕食が用意され，学習
や社交の場としても利用されます。学習のための施設としては，
カレッジ独自の図書館があり，学習資料や書籍へのアクセスが可
能です。さらには，学習スペースもあり，個別の勉強やグループ
ワークに利用することもできます。その他，体育館，ジムなどの
スポーツ施設が整備され，学生はスポーツや運動を楽しむことが
できますし，共用のリビングエリア，バー，カフェなどではカ
レッジの学生同士の交流の場として利用できます。これらの施設
と設備は学生の学習と生活をサポートし，ケンブリッジ大学のカ
レッジで有意義な大学生活を送るのに役立ちます。各カレッジは
独自の特性と文化を持っており，学生は自分に合ったカレッジを
選び，その施設と設備を活用できます。

2.7　カレッジでの教育

　私が所属していたのがウルフソン・カレッジなのですが，カ
レッジは学生の住む場所であり，学習する場所でもあります。カ
レッジ内での教育は，学部や学科で採用されているスーパービ
ジョンと呼ばれる個別指導に焦点を当てているものとなります。
ケンブリッジ大学のスーパービジョンは一般的にカレッジで行わ

れるものです。カレッジはケンブリッジ大学の基本的な学術単位であり，学部や学科と連携しています。スーパービジョンはカレッジの教育の一部として提供され，特定のトピックや科目に焦点を当て，通常はカレッジで雇われたフェローと呼ばれる教員や研究者が学生を指導し学習サポートをします。ケンブリッジ大学の教育体験は，大学全体とカレッジの組み合わせによって形成されます。学生は学部で専門的な知識を習得し，カレッジで個別指導を受け，カレッジ固有の文化や学習リソースを活用します。これにより，ケンブリッジ大学の教育は個人の学習ニーズに合わせて調整され，多様性と深化を促進させます。学年末の成績発表は，個人の到達点だけでなく，カレッジのスーパービジョン成績でもあるので，各カレッジの評判にも密接に関連してきます。

　「あの科目では×××カレッジが1番だった」とか，「あの科目では×××カレッジの出来がよくなかった」などの会話が大学のあちらこちらで交わされることがあります。

　また，カレッジは学生コミュニティの中心であり，学生はカレッジで共同生活を送ります。カレッジはさまざまな社交イベント，スポーツ，文化活動，および学術的な活動をサポートし，学生の豊かな学生生活を促進します。各カレッジは独自のカレッジ文化や伝統を持っており，カレッジカラーや紋章，フェローシップ，カレッジのフォーマルディナー，スポーツチームなど，独自の特徴があります。学生はカレッジの一員としてこれらの文化的イベントにも参加します。ケンブリッジ大学のカレッジでも評価が行われますが，この評価は通常，学業以外の活動やカレッジでの参加に関連しており，学生のカレッジ内での評判や地位に影響

を与えることがあります。これには，スポーツ，文化活動，社会
奉仕，リーダーシップの役割などが含まれます。例えばカレッジ
内でのスポーツ競技への参加やスポーツイベントでの貢献，カ
レッジ内の文化活動，芸術，音楽，演劇，文学，ディベートなど
への参加や貢献，カレッジ内での社会奉仕活動，ボランティア活
動，地域への貢献，学生がカレッジ内でリーダーシップの役割を
果たし，カレッジコミュニティの発展に寄与などが該当します。
これらの要素はカレッジライフを豊かにし，学生がカレッジ内で
多様な経験を積む機会を提供します。ただし，具体的な評価基準
や評価の方法はカレッジによって異なる場合がありますので，カ
レッジ内の評価においてどの要素がどれだけの重要性を持つのか
についてカレッジのガイドラインや規則を確認することが重要で
す。また，学業成績とカレッジ内の評価は異なるものであり，学
位の取得において主要な役割を果たすのは学業成績です。

2.8　ケンブリッジの博物館

　ケンブリッジにはケンブリッジ大学付属の博物館や美術館があ
り，研究目的や研究に新たな息吹を吹き込む目的でよく利用いた
しました。ケンブリッジ大学付属の博物館や美術館を訪れると不
思議と新たな知識と洞察をもたらすきっかけとなることが多々あ
りました。これらの施設は，歴史と芸術の宝庫であり，そこで見
た展示物やコレクションから得た印象は，私の知的好奇心を刺激
し，新たな視点を開拓するきっかけとなりました。美術や歴史に
興味を持つ人々にとって，ケンブリッジの博物館や美術館は無限

の可能性を秘めた場所であり，そこでの訪問は確かに私の思考と理解を豊かにしました。その中でも特に有名なものをいくつか紹介します。

(1) フィッツウィリアム美術館：ケンブリッジ大学のキングス・カレッジ近くにある美術館で，幅広い芸術品のコレクションを展示しています。コレクションには絵画，彫刻，装飾美術，古代の美術品などが含まれており，ヨーロッパの芸術史や文化に関する貴重な作品が展示されています。

(2) セジック地質学博物館：ケンブリッジ大学地質学部門に所属しており，その一環として運営されています。地質学と地球科学に関する展示を行っている博物館です。地球の進化，地質学の原理，化石などに関する展示があり，特に，古生物学に興味を持つ人々にとって魅力的な場所です。また，ダーウィンの業績に関する展示や関連する化石などが展示されています。

(3) 考古学と人類学の博物館：ケンブリッジ大学の文化人類学および考古学部門に属しており，その部門の一環として運営されています。博物館の展示物には，考古学的な遺物，民族誌的なアーティファクト，人類学的なコレクションなどが含まれており，異なる文化や時代に関する洞察を提供します。

(4) 動物学博物館：ケンブリッジ大学動物学部所属の動物学博物館は動物の多様性と進化に焦点を当てた展示を

しています。展示物には動物の標本や骨格，化石が含
まれており，自然史に興味を持つ訪問者に向けられて
います。

(5)　ウイップル科学史博物館：ケンブリッジ大学の科学歴
史および哲学の学部の一部として運営されています。
科学と技術の歴史に関する幅広いコレクションを収蔵
し，科学的機器，計測器具，図表，写真などが展示さ
れています。科学史や科学の文化的背景に興味を持つ
人々にとって，ウイップル科学史博物館は重要なリソー
スとなっています。

(6)　古典考古学博物館：ケンブリッジ大学の古典学部の一
部として運営されている博物館です。この博物館は古
代ギリシャと古代ローマの彫刻や美術品を中心に収蔵
しており，博物館のコレクションには，古代の彫像，
レリーフ，陶器，コイン，およびその他の考古学的な
遺物が含まれており，古典古代文明に関する理解を深
めるための資料となっています。

　これらの博物館やギャラリーはケンブリッジ大学内やその周辺
に位置しており，学術的な興味や芸術に興味を持つ訪問者に向け
てさまざまな展示物と情報を提供しています。また，ケンブリッ
ジ大学付属の博物館や美術館が入場料を無料にしていますが，無
料で入場できることにより，大学関係者だけでなく一般の方々が
美術，文化，科学に触れ，研究や学習に活用できる環境を用意
し，社会的な共感を深め広げ，文化財や歴史的な遺産の重要性を

理解してもらうことに役立ちます。ただし，これらの博物館と美術館は一部の展示物やイベントに対して寄付や支援を受けて運営されています。一般の方々からの寄付，寄贈品，協力団体のサポートなどが，入場料の代替手段として機能していることがあります。

2.9　ケンブリッジ近郊で研究に利用できる施設

ケンブリッジから鉄道でロンドンまで行き，研究のためにロンドンにある図書館，博物館，美術館を利用するのも，研究上非常に役立ちました。ケンブリッジからロンドンまでは鉄道で約1時間半程度で行くことができます。ロンドンは世界的に重要な文化と知識の中心地であり，その多彩なリソースは学問における探求心を刺激し，深化させてくれます。ロンドンにある研究で利用した施設を紹介します。

(1)　大英博物館：ロンドンのブルームズベリー地区に位置し，世界中から収集された重要な文化遺産のコレクションを保有する博物館です。エジプト，ギリシャ・ローマ，アジア，アフリカ，中東，ヨーロッパなど，多くの文明に関する展示物があります。特に，日本コレクションでは，日本の過去と現在が，そして日本と世界の諸外国との関係が，どのようなに変化し伝統の継承によって形作られてきたのかを紹介しており，日本国外ではもっとも総合的で充実したものとなっています。

大英博物館は世界中から研究者や学者が訪れることができる重要な研究施設であり，多くの国際的な研究者がその膨大なコレクションを活用しています。日本の博物学者・生物学者・民俗学者である南方熊楠もその中の一人であり，彼の訪問は彼自身の研究やコレクションの拡充に寄与しました。研究者は，公式ウェブサイトで研究許可を申請することができます。許可を得ると，所蔵品を詳しく調査し，写真を撮影するなどの研究活動が許可されます。

(2) 大英図書館：ロンドンのセント・パンクラス地区に位置し，世界有数の規模を持つ図書館です。膨大な蔵書を保有し，書籍，写本，マップ，音楽，新聞，写真など多くの資料を収蔵しています。研究者向けサービスには多くのリソースがあります。研究者カードを取得し，図書館内の資料を利用できます。オンラインカタログを使用して資料を検索し，訪問前に予約することがおすすめです。また，特定の資料へのアクセス許可を申請することもできます。

(3) ナショナル・ギャラリー：ロンドンのトラファルガー広場に位置し，西洋絵画の傑作品を収蔵する美術館です。中世から19世紀までの作品が展示されており，レンブラント，ヴァン・ゴッホ，ダ・ヴィンチ，ミケランジェロなどの名画があります。

大英博物館，大英図書館，ナショナル・ギャラリーは，イギリ

スのロンドンにある主要な文化施設であり，その多彩なコレクションを広く公開することで一般の方々，学生，研究者に重要なリソースとなっています。入場料については，ケンブリッジ大学付属の博物館や美術館と同様に，無料としています。これらの施設が入場料を無料とする背後には，教育と文化の普及への取り組みがあります。一般の人々，学生，研究者がこれらの施設を訪れ，世界の芸術，美術，歴史，資料に触れ，学び，インスピレーションを受け国際理解や国際平和に貢献することを目的としています。これらの施設はイギリス政府や慈善団体，個人の寄付などによって支援されています。

第 3 章　ウルフソン・カレッジでの日々

3.1　ウルフソン・カレッジ

　ウルフソン・カレッジは 1965 年に設立され，その設立の背後には，ケンブリッジ大学での学際的な研究と多様性を奨励するという志があります。ウルフソン・カレッジでは，さまざまな学術領域の学生を受け入れており，学士，修士，博士課程の学生が在籍しています。

　また，ウルフソン・カレッジには，学生寮を提供しており，個室や共有のリビングエリア，キッチンが用意されています。また，24 時間利用できる図書館やスタディスペース，ジムもあります。

ウルフソン・カレッジのバストイレ付きのシングルルーム

　そして，カレッジ内には食堂があり，学生達はここで食事を共にする機会に恵まれ，学生同士だけではなく，教員，フェローと交流する場としても重要です。ウルフソン・カレッジの食堂は，多様な料理を提供しており，一般的なイギリスの食事から国際的な料理まで幅広い選択肢があります。朝食，昼食，夕食など，異なる時間帯に食事が用意され，通常，日替わりのメニューがあり季節に応じた食材を提供しています。また，さまざまなダイエット制約に対応できるようにしており，ベジタリアン，ヴィーガン，グルテンフリーなどの特別な食事要求に応じたメニューも用意されています。定期的にテーマパーティーや特別なダイニングイベントが開催され，カレッジコミュニティの一部として食事を楽しむ機会が設けられます。私も，昼食や夕食で利用したことがありますが，結構ボリュームたっぷりで他のカレッジと比較して価格的にリーズナブルでした。

　ウルフソン・カレッジでは，多くのカレッジライフに関連する

活動が行われます。たとえばカレッジ内のカフェやバーでの交流，テーマパーティーやカルチャーイベント，スポーツ，芸術や音楽のパフォーマンスなどがあります。これらの活動は学生同士，学生とフェローの交流を促進し，円満なカレッジコミュニティを形成します。さらに，ウルフソン・カレッジは学際的な研究を奨励し，多くの研究グループやセミナーを通じての研究の場が用意され，学生は学術的なサポートを受け，自身の研究活動を発展させることができます。

3.2　ウルフソン・カレッジのフォーマルディナー

　ウルフソン・カレッジでは学期期間中フォーマルディナーは定期的に行われ，学生やフェローが一堂に会して食事を共にし，社交の場としても利用されます。ウルフソン・カレッジの客員研究員がレント・タームにこのフォーマルディナーに招待されることが通例となっており，私もウルフソン・カレッジのクラーク学長によって招待され，妻とともに出席しました。クラーク学長はオックスフォード大学で化学の学士号を取得し，さらにケンブリッジ大学で博士号を取得した化学とバイオ化学の分野で高度な教育を受けた優れた学者です。まずは，学長が控えている部屋に案内され，他の客員研究員とワインを楽しみながら自己紹介を行う機会を得たことが非常に印象深いものでした。学長との対話は，ウルフソン・カレッジの上層部と直接交流できる貴重な時間で，学長をはじめとする上層部の洞察力や知識に触れる機会を持て，自分の研究や興味について話すことができたことが非常に刺

フォーマルディナーの会場風景

激的で有意義なものとなりました。そして，学長との歓談後，学長とともにフォーマルディナーの会場に移動しました。会場の雰囲気は華やかで，カレッジの伝統が息づいていました。

　ウルフソン・カレッジのメンバーや大学関係者がガウンを着用しており，フォーマルディナーをより格式あるものとし，アカデミックな雰囲気を醸し出しておりました。ケンブリッジ大学ではガウンのデザインは大学全体や学位プログラム，カレッジによって異なります。ケンブリッジ大学の学生やフェローは通常，自分の所属するカレッジのガウンを着用し，卒業式やフォーマルディナーなどの特別なイベントでこれを着用することが一般的です。異なるデザインやカラー，ガウンの袖の長さやフードの有無，裾のデザインなどに触れることは非常に興味深く，その多様性に圧倒されました。

　テーブルセッティングは洗練されており，シャンデリアの下での食事は贅沢でした。料理は絶品で，前菜とデザートが印象的で

した。ワインリストも素晴らしく，料理との組み合わせが楽しめました。特に印象に残ったのは，学長を含む他のゲストとの交流でした。学長は非常に温かく，親しみやすく，私たちを歓迎してくれました。また，他の客員研究員や大学のメンバーとも楽しい会話ができ，新しい友達を作る機会を得ました。招待されたフォーマルディナーというこの特別な日は，学問と社交の融合という素晴らしい経験であり，私と妻の記憶に深く刻まれています。

3.3 ウルフソン・カレッジでの研究について

ウルフソン・カレッジの環境は，多様な研究分野からの優れた研究者との交流を可能にし，新しい視点やアイデアを得る機会を提供してくれました。また，大学内外のセミナーやワークショップに参加することで，最新の研究動向に常にアクセスできたことも，私の研究に大きな影響を与えました。

さらに，ウルフソン・カレッジの研究に協力的な環境と図書館で用意された研究資料は，研究プロジェクトを推進するために非常に役立ちました。図書館の充実したコレクションや研究支援スタッフのサポートは，私の研究に不可欠で，24 時間利用できる図書館の存在は，研究者や学生にとって非常に重要で多くの利点をもたらします。24 時間利用可能な図書館は，個々の学生や研究者の異なるスケジュールに合わせてアクセスできるため，研究と学習の柔軟性を高めます。深夜や早朝にも利用できるため，静かで集中できる環境を確保でき，複雑な研究や執筆作業に集中し

ウルフソン・カレッジ図書館

なければいけない時に研究作業の生産性を向上させることができ
ました。

　また，夜間にも利用可能な図書館は，グループでの学習やプロ
ジェクト作業に適しています。研究チームや同じプロジェクトに
取り組む仲間と一緒に集まって作業できる場所として利用できま
す。ただし，24 時間利用可能な図書館の運営にはセキュリティや
スタッフの配置に関する課題が伴います。ウルフソン・カレッジ
の図書館でも安全性を確保し，施設を清潔かつ安全に維持するた
めに，適切な措置を講じることが重要で，深夜や早朝の利用者の
ための安全対策も必要だと思いました。総括すると，24 時間利
用可能な図書館は私にとって貴重な研究用施設となり，研究環境
を向上させ効率的な学習と研究を可能としてくれました。その利
用は，私の研究スタイルやスケジュールに合わせて最適化でき，
図書館での同じ研究テーマに取り組む同僚研究者とのディスカッ
ションや協力，新しいアイデアの発展に寄与してくれました。

第4章 ケンブリッジでの生活

4.1 アフタヌーンティー

アフタヌーンティーは，イギリスの伝統的な儀式で，お茶と軽食を楽しむ特別な時間です。通常，アフタヌーンティーは午後2時から5時の間に行われ，贅沢なお茶のセットと一緒に，サンドイッチ，スコーン，ケーキなどの軽食が用意されます。イギリス国内外のホテル，カフェ，レストランなどで提供されており，観光客にも人気があります。贅沢な味わいと伝統的な雰囲気を楽しむ機会として，アフタヌーンティーを体験してみる価値があります。また，ケンブリッジでも，アフタヌーンティーを楽しむことができる多くの場所があります。値段は場所やメニューの内容によって異なりますが，手頃なものから高価なものまでさまざまです。

アフタヌーンティーのメインは紅茶ですが，紅茶の種類にもバリエーションがあり，ダージリンやアールグレイなどの香り豊かな紅茶が選択肢として用意されることもあります。そして，アフ

タヌーンティーには，伝統的なサンドイッチが含まれます。サンドイッチの具材には，通常，カスタードクリームやサーモン，キュウリ，エッグサラダ，チキンなどが使われます。サンドイッチはクラストを切り落とし，小さなサイズにカットされて提供されます。

スコーンはアフタヌーンティーに欠かせない一部で，温かい状態で出されます。通常，プレーンのスコーンとレーズンやクランベリーが入ったフルーツスコーンの二つのバリエーションがあります。スコーンはクロテッドクリームとジャム（通常はイチゴジャム）と一緒に食べられます。クリームとジャムをどの順番でスコーンに塗るかは地域によって異なりますが，イギリスのデボン地域とコーンウォール地域では意見が分かれることで知られています。

アフタヌーンティーには，さまざまな種類のケーキやペイストリーも提供されます。これにはショートケーキ，チョコレートケーキ，フルーツケーキ，エクレア，タルトなどが含まれます。ケーキは小さなサイズで出され，見た目にも美しいデザインが施されることがあります。紅茶はもちろんのこと，サンドイッチ，スコーン，ケーキやペイストリーは一般的にアフタヌーンティーセットに盛り付けられ，テーブルに並べられます。セットは通常，2人以上でシェアするためのもので，おしゃべりやくつろぎの時間を楽しむのに最適です。アフタヌーンティーは，友達や家族との特別な時間を過ごす機会として楽しまれることが多いですが，特に女性に好まれる風潮があるようで，我が家では妻と娘がアフタヌーンティーの虜になっていました。

4.2　ビスケット文化

　アフタヌーンティーとイギリスのビスケット文化には関連性があります。イギリスのアフタヌーンティーは，お茶と軽食を楽しむ伝統的な儀式で，その一部としてさまざまな種類のビスケットやペイストリーが提供されます。このアフタヌーンティーの影響でイギリスではビスケット文化に富んでおり，ティータイムやコーヒーブレイクにビスケットを楽しむ習慣が根付いています。他の多くの国と比較しても多くのビスケットの種類がスーパーでは販売されており，種類があまりにも多いので，選ぶときに目移りがしました。

　ビスケットメーカーは新しいフレーバーやバリエーションを頻繁に導入し，季節やトレンドに合わせたビスケットも登場します。その結果，イギリスのスーパーマーケットやお菓子の店には，プレーンなものからチョコレートやフルーツ風味のもの，クリームやジャムでサンドイッチされたもの，オート麦や小麦粉をベースにしたもの，スパイス風味のものなど，さまざまな種類のビスケットが並んでいます。また，ビスケットはさまざまなブランドによって販売されており，競争が激しいため，消費者に多彩な選択肢が与えられています。これが，イギリスでは他の国よりも多くのビスケットの種類が入手可能な理由となり，イギリスはビスケットの種類が豊富な国の一つと言えます。ビスケット好きな人にとって，さまざまな味わいを楽しむことができるでしょう。

　私が感じたケンブリッジのスーパーマーケットで販売されてい

た一般的なビスケットの中で，最もポピュラーなビスケットの一つは「ダイジェスティブビスケット」でした。ダイジェスティブビスケットは，小麦粉，オート麦，砂糖，バター，重曹などを主要な成分とし，焼かれて作られるクラッカーのようなビスケットです。このビスケットは，その名前が示すように，消化を助けるために考案されましたが，今では紅茶と一緒に楽しむための伝統的なお菓子として広く愛されています。

　もう一つ気になったビスケットが「ショートブレッド」です。ショートブレッドはスコットランドの伝統的なビスケットで，スコットランドの料理文化に深く根付いており，スコットランドを代表するお菓子の一つとされています。このショートブレッドがイギリスでは非常に人気の高いビスケットです。ショートブレッドは伝統的にクリスマスや特別な機会に食べられ，スコットランドの家庭で手作りされることが多いです。スコットランドのショートブレッドにはいくつかのバリエーションがあり，クッキーの形状や厚さなどが異なることがあります。そして，もう一つスコットランドと関係のあるビスケットとしては「キャラメルワフル」があります。これは一般的に日本では見かけないビスケットです。キャラメルワフルはスコットランドの伝統的なお菓子で，薄いウエハースの間にキャラメルが挟まれている特徴的なビスケットです。このビスケットはスコットランドで非常に人気がありますが，イギリスでも人気が高く，多くの人々によって愛されているビスケットです。

　これらは私が気になったビスケットの種類ですが，スーパーマーケットで見つけることができる他にも多くのバリエーション

がありました。ビスケットは美味しいおやつで，紅茶の友として，ついつい食べ過ぎてしまうことがあります。恥ずかしながら，私は，ケンブリッジ滞在中，ビスケットの食べ過ぎで一時期体重過多になったことがありました。したがって，その高カロリーの性質をよく理解し，適切な量の摂取を心がけることが重要です。くれぐれも食べ過ぎには注意し，バランスの取れた食事と健康的なライフスタイルを維持することで，イギリスのビスケット文化をうまく味わうことができます。

4.3　スーパーマーケットでの食品購入

　妻と一緒に，週に 2 回，自転車でスーパーマーケットに食材の買い出しに行きました。私たちは自動車を持っていないため，購入した食材を自転車の前と後ろにつけているバスケットに詰め込みました。しかし，前のバスケットが食材で一杯になると，自転車の前のハンドルが重くなり，ハンドルがとられて危険な思いをしたことも度々ありました。

　ケンブリッジには多くのスーパーマーケットチェーンがあります。一般的なスーパーマーケットとしては，アスダ (Asda)，ウェイトローズ (Waitrose & Partners)，セインズベリーズ (Sainsbury's)，テスコ (Tesco)，マークスアンドスペンサー (Marks & Spencer)，モリソンズ (Morrisons) などが挙げられます。また，ウェイトローズやマークスアンドスペンサーなどは高級スーパーマーケットとして知られています。スーパーマーケットの営業時間は一般的に朝から夜までで，平日と週末で異な

る場合もあります。一般的には早朝から深夜まで開いている大型
スーパーマーケットもありますが，一部の小規模な店舗は閉店時
間が早いことがあります。

　イギリスのスーパーマーケットでは，新鮮な食材，乾物，缶
詰，調理済み食品，飲料，冷凍食品など，さまざまな商品が揃っ
ており，新鮮な野菜や果物，肉，魚なども豊富に提供されていま
す。さらに，イギリス全土でオンラインスーパーマーケットの
サービスが広く利用されており，食料品や日用品をインターネッ
トを通じて注文し，自宅に配達してもらうことができます。

　私達がよく利用したのが自転車で 15 分ほどでいけるアスダと
テスコスーパーストア (Tesco Superstore) でした。アスダはイ
ギリス国内に多くの店舗を持ち，大規模なスーパーマーケットで
す。また，テスコもイギリス国内で非常に多くの店舗を展開して
おりますが，コンビニエンスストアとスーパーストアの二つの異
なるタイプの店舗を運営しています。アスダとテスコスーパース
トアは多種多様な商品を販売しており，食品から日用品，衣料
品，家電など，幅広いカテゴリーの商品が揃っています。アスダ
は競争力のある価格設定を行っており，特に低価格の商品に力を
入れています。アスダの価格政策はイギリス国内ではよく知られ
ており，「日常的に低価格」をモットーに掲げています。対照的
に，テスコスーパーストアは多くのプロモーションやディスカウ
ントを実施し，顧客にはお得な価格を提供しており，テスコクラ
ブカード (Tesco Clubcard) というポイントカードプログラムも
用意しています。どちらのスーパーマーケットもケンブリッジで
広く利用されており，デビットカードとクレジットカードが広く

普及しています。基本的にはイギリスで支払いが必要なさまざま
な機会において，これらのカードを使用することができますが，
特にデビットカードの方が一般的で，口座から直接支払いが行え
ます。私達がケンブリッジで買い物をした時に現金で支払ったこ
とはほとんどなかったと記憶しています。また，アスダ，テスコ
スーパーストアや多くのスーパーマーケットや小売業者がセルフ
レジの導入を積極的に推進していることも買い物をするうえでは
非常に便利に思えました。日本でも大手スーパーやコンビニでは
セルフレジを見かけますが，セルフレジ普及率は，イギリスなど
の海外の一部の国々と比べるとまだ低いと思われます。初期投資
コスト，新しいシステムに消費者が慣れるまでの時間，店内レジ
スタッフとのコミュニケーションを重んじるのが日本での抑止力
になっているのかもしれません。

4.4　イギリスでのキャッシュレス化とセルフレジ化の促進

　新型コロナウイルス感染症感染拡大の拡大を受けて，イギリス
政府は 2020 年 3 月下旬に国内のロックダウンを宣言し，人々に
家にとどまるように指示し，多くのビジネスや施設を閉鎖しまし
た。イギリスでは，新型コロナウイルス感染症感染拡大のピーク
は 2020 年春に達し，感染者数と死亡者数が急増により，多くの
病院で医療システムが圧迫されました。しかし，イギリス政府は
2020 年夏にロックダウンの制限を緩和し，一部の経済活動と社
会活動を再開しましたが，秋になると感染者数が再び増加し，新
たな制限が導入されました。

このコロナウイルス感染症と関連して，イギリスにおける支払いでのキャッシュレス化が急速に進展しました。現金の物理的な取り扱いが感染リスクを増加させる可能性があるために，政府，保険機関，および多くの企業はキャッシュレス支払いを推奨し，感染拡大を防ぐための対策として位置づけました。また，スマートフォンでの支払いも急速に普及し，感染拡大時においても現金の取り扱いを最小限に抑える助けとなりました。さらには，感染リスクを回避するために，多くの人々によるオンラインでの買い物が増し，結果としてクレジットカード，デビットカード，デジタルウォレットを使用したオンライン決済が増加しました。

また，コロナ感染症の流行が広まる中で，多くのスーパーマーケットや小売業者がセルフレジ化の導入を積極的に推進しました。セルフレジ化は，従来のレジよりも顧客同士の接触や従業員との接触を減らすことができ，ソーシャルディスタンスを確保しやすくなる支払い方法だからです。そして，セルフレジ化はキャッシュレス化を促し，顧客は現金を取り扱う必要がないため，ウイルスの拡散リスクを軽減できるようになります。さらには，セルフレジ化の導入により，従業員が対応する必要のある顧客数が分散され，長蛇の列を軽減できるようになりました。

したがって，新型コロナウイルス感染症の拡大に伴い，社会的距離の要請が行われ，これにより人々の対面での交流が制限され，社会的孤立が進む一方で，キャッシュレス化とセルフレジ化の導入が促進されました。キャッシュレス支払いとセルフレジ化の普及は，現金の取り扱いという金銭の物理的なやり取りに費やす時間を節約し，個人の時間をより効率的に活用できることを可

能にしてくれました。

4.5　ケンブリッジの自宅

　ケンブリッジの不動産市場は一般的に高価で，特に市内中心部や大学周辺の地域では不動産価格が高い傾向があります。また，ケンブリッジでは古い歴史的な建物やキャンパス周辺の住宅が人気で，これらのエリアでは古い家が新築よりも高値で取引されることが一般的です。ケンブリッジ大学の学生や教職員，客員研究員などが住むことも多く，これらの居住者にとって歴史的な建物や古い家が魅力的であることが価格の高さに寄与しています。

　しかし，古い家は年月を経るうちに構造的な経年劣化が進行しやすく，屋根，壁，床，基礎などの部分に問題が生じる可能性があります。古い家には古い設備や配管が使用されていることが多く，これらの設備が劣化や故障を起こしやすく，適切に保守・メンテナンスされていない場合，問題が蓄積しやすくなります。私達が借りた家は比較的古く，滞在中何事もないことを祈っていたのですが，家を借りて 2 週間ほど経過したときに温水が出なくなってしまいました。私達家族は，夜寝る前にシャワーをすることを日課にしていたのでしたが，夜にシャワーをするときにシャワーヘッドから急に温水が出てこなくなりました。家主に電話したのですが，家主はスペインに住んでおり，現場に来てその症状を確認することができなく，夜なので業者を呼ぶこともできません。結局その夜はシャワーを諦めて，翌日家主の友人のボイラー修理業者に確認してもらった結果，古いボイラーが原因であるこ

とがわかりました。このボイラーはコンビボイラーと呼ばれるもので，温水供給と暖房を同じユニットで提供するタイプのボイラーです。コンビボイラーは，イギリスで非常に人気があり，特に小規模な住宅に適しており，コンビボイラーは瞬時に温水を供給でき，高い効率で動作することができます。しかし，借りた家のボイラーはかなり古く，以前も同じような症状がでたようなのですが，その時は応急処置で済ませたようでした。今回は，応急処置でも問題を解決できずに，コンビボイラー自体の交換が必要ということで，交換されるまでの2日間は温水でのシャワーなしの生活を余儀なくされました。

イギリスは寒冷な気候が特徴で，冬季には暖房が必要で，一般的に，暖房としては温水を使うコンビボイラー，セントラルヒーティングシステム，電気ヒーターなどを使用します。冷房は通常，必要とされることは少ないです。イギリスの気候は夏季に比較的涼しく，高温や高湿度が続くことは稀です。したがって，多くの住宅には専用の冷房システムがなく，窓を開けて自然な風通しを確保することが一般的な対策です。ただし，近年は気候変動に伴う気温上昇の影響もあり，一部の新しい住宅や商業施設では冷房システムが設置されることも増えています。また，暖房と同様に冷房もエネルギー効率を向上させるための技術革新が進んでおり，将来的には住宅や商業施設での冷房が必要になる可能性が非常に高くなってきています。

ボイラーの故障から約半年後に，今度はトイレの不具合が発生しました。この原因はフロートの故障で，トイレのタンク内には，水位を制御するフロートがあり，このフロートが適切に配置

されていなければトイレの水が絶えず流れ続けることになります。借りていた家のトイレ設備も古いもので，タンク内のフロートがうまく機能していないということで，新しいものとの交換が必要となり，交換されるまでの期間，トイレを使用することができなくなりました。

　ボイラー，トイレのタンク以外では，ドアのロック，水道蛇口，照明器具の修理が必要となりましたが，イギリスで古い家を賃貸する場合，不具合やメンテナンスが必要な状況が発生することを予め考慮しておく必要があり，借りる前に家主や前の住人の助言を受けることが重要だと思いました。また，適切な保守と定期的な点検を家主にお願いし，問題を未然に防ぐことも大切だとわかりました。

4.6　ごみ収集方法

　私達が住んでいたケンブリッジの地域では，住民はごみを異なる特定のビン（大型のプラスチック製容器）に分別して入れ，指定された日にそれを家の外に出しておけば，ごみ収集トラックが通りを巡回し，ごみを収集する一般的なサービスが提供されています。日本のように指定されたごみをごみ収集場所に持っていく必要がなく，非常に合理的で便利なごみ収集サービスだと思いました。このサービスは，特に大きく重いアイテムの廃棄に関して非常に便利でした。収集日は一般ごみ収集日とリサイクル可能ごみと緑のごみ収集日が別となっており，それぞれ 2 週間に 1 回です。分別に関する一般的なカテゴリーは，次の通りでした。

54

(1)　一般ごみ（一般廃棄物）：これには家庭から排出された一般的な廃棄物が含まれます。食品の包装材料，紙くず，プラスチック製品，おむつ，破損した家具などが含まれます。これらのアイテムは通常，一般のごみ収集サービスを通じて収集されます。

(2)　リサイクル可能ごみ（再生可能廃棄物）：リサイクル可能な材料を含むアイテムは，再利用またはリサイクルのために収集されます。これには紙，段ボール，ガラス容器，金属缶，プラスチックボトルなどが含まれます。

(3)　緑のごみ（生ごみ，有機廃棄物）：緑のごみには食品くず，庭の刈り草，枝，葉，植物のくずなどの有機廃棄物が含まれます。これらのアイテムは通常，堆肥化やリサイクルのために収集され，新たな肥料や土壌改善材料に再利用されることがあります。

　日本では緑のごみは一般ごみ扱いでしたが，イギリスでは緑のごみだけ分別するのは，日本とイギリスでは，廃棄物の処理とリサイクルプロセスが異なるからです。日本では，緑のごみ（有機廃棄物）を一般ごみとして扱い，それを焼却施設で処理することが一般的です。このプロセスにおいて，日本では発生する熱をエネルギーに転換させますが，イギリスでは緑のごみを分別して堆肥化プロセスに供することが多いです。これにより，有機廃棄物が堆肥として再利用され，土壌改善に役立てられます。

　イギリスなど一部の国では，緑のごみを分別して堆肥化するこ

とにより，土壌改善や環境保護の観点から利益があると考えられています。有機廃棄物の堆肥化は，土壌の肥沃度を高め，持続可能な農業や庭園管理に寄与することが期待されます。また，堆肥化によりメタンガスの発生を抑え，温室効果ガスの排出削減にも寄与します。

4.7　ジムトレーニング

　私は，健康のためにジムトレーニングをすることを日課としています。また，柔道，空手道，合気道を学ぶと同時に，格闘技に対する情熱と興味を持っています。これらの伝統的な武道を学ぶことで，体力，技術，精神力の向上を追求し，自己防衛能力を高めることに専念してきました。しかし，武道を学ぶ過程で，技の研究に加えて体力強化も必要であると感じるようになりました。身体的な耐久力や筋力を養うためにジムトレーニングが不可欠と思い，それ以来かれこれ 30 年以上は週 3 回または 4 回のジムトレーニングを欠かしません。

　ケンブリッジでも，研究の合間にジムトレーニングをすることができるジムを探してみました。検索エンジンを使用して，「ケンブリッジのジム」などのキーワードで検索し，最新のジムリストやウェブサイトにアクセスし，レビューサイトもチェックした上で最適なジムを選択することにしました。ケンブリッジ大学にはケンブリッジ大学スポーツセンターがあり，学生，教職員，事務職員，研究員，一般の利用者にフィットネス設備やスポーツ活動の機会を提供していますが，私達が住んでいたところから遠い

ので，もう少し近いジムを探すことにしました。

　候補となる複数のジムを比較検討するために，ジムを訪れてみ
ることにしました。どこも近年のジム業界における新しいトレン
ドの一つである受付の無人化と 24 時間営業を採用していました。
イギリスのジムでの受付の無人化は，一部のジムで新型コロナウ
イルスの流行に対応する一環として導入しましたが，それだけで
はなく，テクノロジーの進化や運営コスト削減の要因も影響して
います。そして，最終的に選んだのは The Gym Group が運営
するジムでした。The Gym Group はイギリスに存在する大手の
ジムチェーンで，特徴としては低価格，多様な設備，24 時間営
業があります。

　イギリスのジムと日本のジムを比較してみると，イギリスの多
くのジムでは，月額会費が日本より比較的低価格に設定されてお
り，多くの人々がアクセスしやすい環境が整っているように思え
ました。特に大規模なジムチェーンや低価格ジムでは，月々の会
費がより手ごろな価格帯に設定されていることが多いです。さら
に，文化と習慣の異なりが起因して，イギリスの一部のジムでは
室内トレーニングに屋外シューズを着用することが許可されてい
るところがあります。最近では日本の一部のジムでも，室内での
トレーニングに屋外シューズを履いたままトレーニングすること
が許容されるところがあります。しかし，基本的には，日本で
は，室内スペースにおいては土足禁止となっており，屋外から室
内に入る際には靴を脱ぐことが一般的です。これは，日本におけ
る清潔さや礼儀正しさを重視する文化的な側面が影響しているの
で，イギリスの土足での室内トレーニングには違和感を感じたの

は事実でした。私が所属した The Gym Group のジムにおいて
は，室内トレーニングで厳密に屋外シューズを禁止するわけでな
く，多くのメンバーが屋外シューズでトレーニングする光景を見
るにつけ驚きを隠すことができませんでした。しかし，しばらく
するとその光景にも慣れて，「郷に入れば郷に従え」という諺に
倣って屋外シューズを履いたままでトレーニングする自分がいま
した。

4.8　コロナ禍でのクリスマス

　2021 年 12 月のロンドンにおける新型コロナウイルスの状況
は，一般的には感染症の制約と対策が依然として存在していまし
たが，前年 2020 年と比較するとはるかに制限が緩和されていま
した。その理由としては，ワクチン接種の進行，公共交通機関や
室内施設では引き続きマスクの着用と社会的距離の確保，イベン
トやレストランの人数制限，海外からの入国制限が挙げられま
す。そのような新型コロナウイルスの影響にもかかわらず，ロン
ドンはクリスマスの魔法で輝いており，2021 年のクリスマス
シーズンにロンドンを訪れたことは，特別な体験となりました。
　最初に驚いたのは，ロンドンのクリスマスの雰囲気を味わうた
めにオックスフォード・ストリートやリージェント・ストリート
などの主要なショッピング街を歩いたときに，美しいクリスマス
イルミネーションで飾られていたことです。ショップや木々，建
物がキラキラと輝いていて，本当に幻想的でした。独自のブラン
ドの紅茶を販売するフォートナム & メイソン，高級百貨店のハ

ロッズやリバティを訪れ，ショッピングを楽しむだけでなく，街を歩くことでクリスマスの雰囲気を味わうことができ非常に楽しい体験となりました。

また，クリスマスマーケットも見逃せませんでした。特に有名なのはサウスバンク地区のクリスマスマーケットですが，あまりにも人が多いので，レスタースクエアのクリスマスマーケットに行くことにしました。地下鉄のピカデリー線のレスタースクエア駅から歩いて，クリスマスマーケットが開催されている地域にアクセスできます。また，レスタースクエア自体もクリスマスイルミネーションで飾られ，クリスマスマーケットではライブエンターテイメントや多彩なブースが所狭しと並んでおりました。

ロンドンの有名なランドマークも，クリスマスに特別な姿に変身していました。たとえばロンドンアイは巨大なクリスマスツリーのイルミネーションで飾られ，バッキンガム宮殿周辺も美しいクリスマスライトで輝いていました。ただし，コロナ下なので制約があり，マスク着用と社会的距離の確保が求められ，一部のアトラクションやレストランは制限がありましたが，クリスマスの魔法がロンドンの街中に広がっているのを感じることができました。ロンドンの人々は，新型コロナウィルス感染のパンデミックに立ち向かうために連帯感を持ちつつ，久しぶりにクリスマスの魔法が街中に広がるのを楽しんでいる様子でした。マスクを着用し，社会的距離を保ちながらも，行き交う人々の笑顔と温かさで満ちた瞬間が数多くありました。この光景を見て，困難な時期でも，人々の強い連帯感と克己心がクリスマスを祝うための希望の明りを灯し，美しい瞬間を作り出すことができることを実感

し，ロンドンのクリスマスは，美しさと温かさで満ちていること
を心から感じることができた思い出深い 2021 年のクリスマスで
した。

第5章　ケンブリッジ大学とキリスト教

5.1　ケンブリッジ大学とイングランド国教会

　英国国教会は，16世紀にイングランドで宗教改革の一環として成立しました。当時のイングランド国王ヘンリー8世がローマ教皇との対立からカトリック教会から分離し，国内に独自の教会を設立したことがその起源です。イングランド国教会は，キリスト教プロテスタントの教義を受け入れつつ，カトリック的な要素も一部取り入れた教派です。そのため，高神秘主義からリベラルな信仰まで多様な信者が存在します。キリストの存在を中心に据え，聖書と伝統を尊重します。また，聖餐式や洗礼などの秘跡も重要な要素です。大司教，司教，聖職者，信者から成る教会組織であり，カンタベリー大司教がその最高聖職者です。

　イングランド国教会の特徴の一つは，イギリスの君主（国王または女王）がその最高元首であることです。これは国教と国家の密接な結びつきを示しており，イギリスの君主は，国王または女王に戴冠の際，国教の支持を表明し，教会の最高元首としての役

割を果たします。それゆえに，イングランド国教会はイギリス社会において長い歴史と深い影響力を持っており，王室の行事や国の儀式において重要な役割を担います。

　ケンブリッジ大学は 1209 年に創設され，イングランド国教会の影響を受けて設立されました。大学のチャペルや教育活動は，イングランド国教会の教義や信仰に沿ったものであり，学生や大学職員に対して宗教的な教育を提供する役割を果たしました。現在，ケンブリッジ大学は，イングランド国教会に関連する神学や宗教研究の分野で優れた教育と研究を行っており，大学内には神学部門や宗教学部門が存在し，キリスト教や他の宗教に関する専門知識を教えています。大学のチャペルでは，イングランド国教会に基づく礼拝や宗教的行事が行われ，学生や大学職員はこれらの活動に参加することが奨励されています。

　しかし，ケンブリッジ大学は宗教的多様性を尊重し，異なる宗教や信仰を持つ学生や教職員も受け入れており，イングランド国教会以外の宗派や宗教団体に所属する者も多く，宗教的な寛容が大学の一部となっています。また，ケンブリッジ大学には多くのカレッジがあり，それぞれ独自のチャペルを持っています。これらのチャペルは，キリスト教の礼拝だけでなく，音楽コンサートや文化イベントにも利用されています。たとえばキングス・カレッジ・チャペルやセントジョンズ・カレッジ・チャペルなど，いくつかのケンブリッジ大学のカレッジのチャペルは建築的にも美しいものとして知られておりますが，聖歌隊の讃美歌イベントが学期中に開催されることでも有名です。

5.2 ケンブリッジ大学とローマカトリック教会

ケンブリッジ大学は，16世紀にイングランド国教会の成立と宗教改革という歴史的背景の中で設立されました。そのため，当初はプロテスタント的な信仰と価値観に基づいて運営されており，カトリック信者やカトリック教会とは対立的な関係にあったことで知られています。イギリスでは，16世紀から17世紀にかけて宗教的対立が激化し，カトリック信者は迫害を受け，ケンブリッジ大学からカトリック信者が排除されたり，迫害されたりすることもありました。

現代のケンブリッジ大学は，宗教的多様性と寛容性を尊重する姿勢を持っており，カトリック信者は大学に受け入れられ，研究と学術活動に参加しています。また，カトリック信者のための礼拝や宗教的行事は大学内で定期的に行われ，カトリック研究センターであるマーガレット・ビューフォート神学研究所（Margaret Beaufort Institute of Theology）やフィッシャーハウスが存在します。さらに，ケンブリッジ大学にはセントエドマンズ・カレッジやセントジョンズ・カレッジのようなカトリック系カレッジが存在し，カトリック信者に対して特に支援的であり，カトリックの伝統や宗教的な活動を重視しています。また，フィッツウィリアム・カレッジはカトリック系ではありませんが，カトリック信者を歓迎しカトリック信者が多数所属しています。

総じて言えば，ケンブリッジ大学は歴史的にはイギリス国教会の影響を受けて設立されましたが，現代では宗教的寛容性が尊重され，カトリック信者も大学の一部として受け入れられていま

す。このような変化は宗教的多様性を尊重し，学術研究と教育において異なる宗教の信者に門戸を開いている大学の進化を反映しています。

　私が属していたウルフソン・カレッジへ自宅から自転車で行くときに，マーガレット・ビューフォート神学研究所の傍を通り，その歴史的で魅力的な建物を見るたびにどのような神学的研究をしているところだろうか，と前を通るたびにその興味は日に日に増すばかりでした。マーガレット・ビューフォート神学研究所は1970年代に創設され，15世紀のイギリスの貴族で，カトリック信仰を強く持ち，宗教的な教育と慈善活動に尽力したマーガレット・ビューフォートに敬意を表して命名されました。マーガレット・ビューフォート神学研究所では，カトリック教会に関連する研究を焦点とし，信仰，宗教教育，宗教と社会などについての研

マーガレット・ビューフォート神学研究所のプライベートガーデン

究が行われています。また，さまざまなイベントや学会を開催し，宗教的なテーマに関する議論や知識交流の場を提供し，学者，宗教指導者，一般の人々が意見交換し，学び合う機会も用意されます。カトリックがキリスト教の基盤であるにもかかわらず，イングランド国教会の成立によりカトリック信者が迫害を受け，イギリス国内で受け入れられなかった歴史を知ることで，今もなおその困難に立ち向かいながらカトリックに興味を持つ人々が存在していることを知ると，その信仰への関心が高まりました。

5.3　マーガレット・ビューフォート神学研究所での滞在

　2022 年の 7 月に妻と娘が私より先に日本に帰国するということで，家族ともに一緒に住んだグリソンロードの家を賃貸契約期間が修了する 6 月末に退去し，私はマーガレット・ビューフォート神学研究所に引っ越しをすることにしました。私の日本への帰国までの，2 カ月間滞在するためです。

　ウルフソン・カレッジの近くにあったマーガレット・ビューフォート神学研究所は，キリスト教信仰，宗教教育，宗教と社会などについてのプログラムやコースを提供する研究機関であると同時に学生寮としても開放されていました。建物にはシャワーとトイレ付の部屋，図書館，教室を備え，施設内では国際的な研究および教育コミュニティ向けに開発された Wi-Fi サービスである eduroam を利用することができました。私が滞在した部屋は 3 階建てのレンガ造りの棟の中にあり，美しい大きなプライベー

トガーデンを見下ろすことができ，部屋にはワードローブ，箪笥，机と椅子，ベッドサイドテーブル，シングルベッドが備わっていました。建物はミッドセンチュリーモダンのデザインで，大きな二重ガラスの窓と高い天井が特徴でした。1階には共有のキッチンが2カ所あり，コンロ，電子レンジ，冷蔵庫，冷凍庫，割り当てられた収納棚がありました。加えて，調理と食事のための多くの鍋，フライパン，調理器具，台拭き，洗剤，料理用の皿が用意されていました。キッチンは平日，ハウスキーピングスタッフにより毎日掃除され，各部屋のトイレとシャワールームについては，毎週1回，ハウスキーピングスタッフによって清掃していただきました。また，ウルフソン・カレッジでは洗濯機と乾燥機は有料となりますが，マーガレット・ビューフォート神学研究所では洗濯機と乾燥機は無料で利用することができたのは有難かったですし，部屋の宿泊料金がウルフソン・カレッジより安かったのが非常に助かりました。

　マーガレット・ビューフォート神学研究所での経験は，非常に充実したものでした。ケンブリッジ大学の博士課程の学生や多くの海外からの客員研究員と出会い，研究について語り合う機会がたくさんあり，異なるバックグラウンドや視点からの洞察を得ることができ，私の研究に新たな視点を加えることができました。

　しかし，マーガレット・ビューフォート神学研究所の建物は2022年末に売りに出され，2023年4月にケンブリッジ大学のクイーンズ・カレッジが建物を購入し，2023年9月からクイーンズ・カレッジ所属の学生寮に変わりました。そして，マーガレット・ビューフォート神学研究所は，2023年9月に移転すること

マーガレット・ビューフォート神学研究所の
バストイレ付きのシングルルーム

になってしまいましたが，ケンブリッジにおける研究機関として
の存在に変わりなく，今もなおケンブリッジにおける地域密着型
のカトリック研究機関として社会に広く貢献しています。

第6章　ケンブリッジ近郊の多様な文化を探る

6.1　ケンブリッジからの交通手段

　ケンブリッジからはイギリス国内の各都市に行くには発達している鉄道網を利用するのが便利でした。ケンブリッジから主要都市への列車が頻繁に運行されており，ロンドン，マンチェスター，バーミンガム，エジンバラ，カーディフなど，多くの都市への直通列車があります。また，ケンブリッジの近くにロンドン・スタンステッド空港があり，ヨーロッパ各地への直行便が多く運航されています。ロンドン・スタンステッド空港には鉄道やバスでアクセス可能であり，鉄道ではケンブリッジ駅からロンドン・スタンステッド空港駅まで，所要時間は約 30 〜 40 分程度です。また，バスについては，ナショナル・エキスプレスなどのバス会社によって運行されており，所要時間は，通常約 30 〜 50 分程度となり，バスのスケジュールや交通状況，出発地点や到着地点によって所要時間が異なります。

　ロンドン・スタンステッド空港を拠点とする格安航空会社

(LCC) が多数あり，LCC を利用することで比較的安くヨーロッパ内外の多くの都市に行くことができます。多くのイギリス人が週末の短期旅行や休暇を楽しむためにバス旅行に出かける感覚でLCC を利用し，ヨーロッパのさまざまな観光名所を訪れます。私も，イギリス人の例に倣ってヨーロッパ内で開催される学会にはLCC のライアンエアーとジェット 2 を利用しました。ライアンエアーは，ロンドン・スタンステッド空港を拠点とするアイルランドの格安航空会社で，幅広くヨーロッパの都市への便を提供しています。所要時間は目的地により異なりますが，短距離のヨーロッパの都市へのフライトが多く，平均すると 2 ～ 3 時間程度で到着できます。また，ジェット 2 もロンドン・スタンステッド空港を拠点とする英国の格安航空会社で，主に休暇やリゾート地へのフライトに特化しています。所要時間は目的地により異なりますが，一般的にヨーロッパの都市へは 2 ～ 4 時間程度で到着できます。

　LCC は一般的に航空券を低価格で販売していますが，その分手荷物のサイズや重量に制限を設けていることが多く，事前に規定を確認する必要があり，制限を超えた場合，追加料金がかかることがあります。また，LCC は基本運賃に含まれないサービス（機内飲食物，座席の指定，預け入れ手荷物など）を有料で提供しているので，必要に応じて追加料金を支払うことになります。

6.1.1　ヨーク

　2022 年 1 月 2 日に住んでいたケンブリッジから家族で鉄道を使ってヨークに日帰り旅行に行きました。ケンブリッジ駅から

ピーターバラ駅まで行き，その後，ピーターバラ駅からイギリスでは「アズマ」と命名された日本製の高速列車に乗り換えてヨークまで行きました。ケンブリッジ駅からヨーク駅までの所要時間は約2時間半ほどでした。アズマは日本の鉄道車両メーカーである日立製作所が高速鉄道車両技術を活用して開発した高速列車で，イギリスの鉄道運行会社であるロンドン・アンド・ノース・イースターン・レイルウエイ向けに製造されました。この列車は，東海道新幹線の技術や経験を基に設計され，イギリスの鉄道ネットワークで使用されています。アズマは，高速性，快適性，エネルギー効率の高さなどが特徴で，座席も広々としており，イギリス国内で人気の高い列車の一つとなっています。

　ヨークに到着し，城壁の中に入り，ヨークの歴史的な一面を探索しました。ヨークは中世の要塞都市として機能し，城壁は市の住民を外部の脅威から守る役割を果たしました。城壁には階段やアクセスポイントがあり，訪れる観光客が城壁に登り，上を歩くことでヨークの美しい風景や歴史的な建造物を見下ろすことができます。また，ヨークには多くの素晴らしい美術館があり，さまざまな芸術と文化を楽しむことができ，私達はヨーク美術館を訪れました。この美術館はヨークの市内中心部に位置し，幅広いコレクションを展示しており，絵画，彫刻，装飾美術，陶磁器などが収蔵されています。私達が訪れたときには日本の浮世絵展を開催しており，浮世絵がイギリスと日本の文化交流の役割を果たしていることに感銘しました。ヨークの町を歩いていて，目に飛び込んできたのは，ハリーポッターシリーズの撮影に使われた「シャンブルズ」と呼ばれている通りでした。シャンブルズ通り

は，魔法の世界を思わせる美しいレンガ造りの建物が連なる，まるで童話に出てくるような場所でした。ハリーポッターファンとして，ここを歩くことは特別な体験でした。さらに，ヨーク大聖堂やヨーク城は，外から見ただけでしたが，歴史的な建造物としての壮大さと美しさが伝わってきました。

ランチタイムには，ヨークシャーポークを使ったハンバーグが有名なお店でランチを楽しみました。ヨークが位置するヨークシャー地域は英国で質の高いポークを生産する場所として知られており，そのポークを使用した料理は地元の特産品として評価されています。ヨークシャーポークを使ったハンバーグは，美味しくてユニークな味わいで，ヨークの食文化や伝統を体験する良い機会となりました。

ヨークの美しい景色，歴史的な建造物，美術作品を存分に鑑賞し，シャンブルズ通りを訪れたことで，ハリーポッターの映画の一シーンにいるような感覚を覚えました。また，ヨークシャーポークを食べてヨークならではの味わいや食文化を楽しむことができたのも良かったです。さらに，日本製のアズマ列車の快適さと便利さも，この旅行を特別なものにしてくれました。ヨークへの訪問は，思い出深いものとなり，家族と共有できる素晴らしい経験となりました。

6.1.2 エジンバラ

イギリスの寒い2月にケンブリッジからエジンバラへの一泊2日の家族旅行に出かけました。ケンブリッジ駅からピーターバラ駅まで行き，高速列車のアズマに乗り換えてエジンバラ駅まで行

きました。エジンバラ駅までは約5時間かかりました。私，妻，娘の3人がケンブリッジ滞在中，大学生の息子には日本の自宅の留守番をしてもらっていたのですが，2月にはケンブリッジに呼びよせて，家族4人での一泊2日の旅行となりました。列車の中から見えるイギリスの風景は，雪が降り積もった田園地帯や美しい街並みで満たされていて，それだけでも旅行が価値のあるものであることを感じました。列車の中で家族と一緒に過ごす時間は特別で景色を楽しみながらのトークやお弁当は旅の魅力を一層高めました。

　エジンバラに到着した後，1日乗り降り自由の市内観光バスに乗って観光名所を巡る冒険が始まりました。一泊2日の短い旅なので，訪れる観光名所を限定しました。エジンバラのショッピング街で，さまざまな店舗やレストランがあるプリンセス・ストリートを通り，エジンバラ城へと向かい，そこで下車しました。エジンバラ城は印象的な城壁と塔からなり，城内にはさまざまな建物や宮殿，博物館があります。エジンバラ城は年間を通じて多くの観光客が訪れ，城内で歴史ツアーや展示物を楽しむことができます。また，エジンバラ城からは，エジンバラ市内やフォース湾を一望でき，特に城の丘からの眺めは絶景でした。夜には城がライトアップされ，エジンバラの美しい夜景を演出しました。エジンバラ城から歩いて市内に入ると，ロイヤル・マイルと呼ばれる歴史的で観光名所の多い通りがあり，多くのお土産物店，ギフトショップ，カフェ，レストランなどが並んでいました。お土産店ではスコットランドの伝統的なタータン柄の製品，ウール製品，スコットランドのウイスキーなどが販売されていました。

　再び市内観光バスに乗り，エジンバラにあるイギリス王室の宮殿でエリザベス2世が夏の避暑地として利用していたホリールード宮殿を通り過ぎ，カールトンヒルで下車しました。カールトンヒルはその展望台で知られており，エジンバラ市内やフォース湾，アーサーズ・シートといった周辺のランドマークを一望できました。特に夕日の時間帯には美しい夕焼けを楽しむことができました。また，美しい公園として整備されており，丘の中腹には広々とした芝生が広がり，自然とのふれあいを楽しむことができました。エジンバラ城，ロイヤル・マイル，カールトンヒルなど，時間的都合で訪れることができる観光名所は限定されてしまいましたが，エジンバラのアイコニック的な観光名所を訪れたり，あるいはバスで通り過ぎることでエジンバラの今もなお残っている中世の雰囲気と美しい街並みに感銘することができました。

　夜にはエジンバラの名物料理であるフィッシュアンドチップスを食べる機会がありました。レストランの中で，新鮮な魚とサクサクの揚げ衣，そして美味しいフライドポテトを味わいました。この地元の味覚を家族で楽しむことは，旅行のハイライトの一つでした。また，エジンバラでは多くの日本のレストランやラーメン屋を見かけ，これは日本の料理がエジンバラで受け入れられている証であると思い，日本の食文化の認知度を確認できた良い機会となりました。エジンバラの美しい景色，歴史的な名所，そして美味しい食事が組み合わさって，私たちの家族旅行は特別なものとなりました。

6.2　ケンブリッジから日帰りで行くことができるお勧めの観光地

　イギリスのケンブリッジには，日帰りツアーを提供している業者がいくつかあります。これらのツアーはケンブリッジからバスで行くことができるため，車をレンタルするよりも経済的な選択肢となります。私自身，ケンブリッジからのバスツアーに参加した経験を基に，お勧めの観光スポットをご紹介したいと思います。

6.2.1　ストラトフォード・アポン・エイボンの魅力

　ウィリアム・シェイクスピアの名前は，文学の世界において不朽の存在とされています。その名を冠するストラトフォード・アポン・エイボンは，彼の生まれ育った場所であり，シェイクスピアの遺産や文化的な魅力に満ちています。ケンブリッジからはバスで3時間ぐらいでエイボン川に沿った美しい河川風景が見えてきました。最初に訪れた場所はホーリートリニティ教会でした。この教会にはシェイクスピアの墓があり，彼への敬意を表す多くの人々が参拝していました。教会の中に足を踏み入れると，その歴史的な建築物とシェイクスピアの墓碑銘に圧倒されました。シェイクスピアの遺産を感じることができる特別な場所でした。

　次に，シェイクスピアの生家に足を運びました。その家は彼の子供時代を過ごした場所で，当時の生活環境を垣間見ることができました。歴史的な建物が魅力で，シェイクスピアがどのような

環境で成長したのかを想像することができました。生家の中には彼の生涯についての展示があり，シェイクスピアに関する詳細な情報を得ることができ，彼の生涯や作品について深く理解する機会となりました。また，ロイヤル・シェイクスピア・シアターでは，シェイクスピアの戯曲が上演されており，舞台芸術の魅力を味わうことができました。演技の質が高く，シェイクスピアの言葉が生き生きと蘇りました。

ストラトフォード・アポン・エイボンはウォリックシャー地域に位置しており，エイボン川沿いに美しい庭園や散歩道が広がり，散策やピクニックに最適な場所となっており，シェイクスピアが愛したであろう自然の美しさを楽しむことができました。また，毎年シェイクスピアの祭りやイベントが開催されていることでも知られています。最も有名なのは「ストラトフォード・アポン・エイボン文学祭」で，このイベントではシェイクスピアの文学的遺産や他の作家に関する講演，パフォーマンス，ワークショップなどが行われます。この文学祭は，文学愛好家や作家にとって魅力的なイベントとなっています。

そして，ストラトフォード・アポン・エイボンではシェイクスピアの誕生日を祝う「シェイクスピア・バースデイ・セレブレーション」も毎年開催されており，シェイクスピアの生誕日にさまざまなイベントやパフォーマンスが行われます。この日には街中が賑わい，観光客や地元の住民がシェイクスピアへの敬意を表す日となっています。

6.2.2 コッツウォルドの美しい田園風景

　早朝，バスツアーはケンブリッジを出発し，コッツウォルドへのバスの旅が始まりました。目的地に近づくにつれて青々とした丘陵地帯，古風な村々，そして牧場が連なる風景が見えてきて，まるで絵画の中から抜け出してきたようでした。車窓から広がるその田園風景の美しさに圧倒され，バスを降りる前からこの場所が特別なものであることを感じました。最初に訪れたのは，ボートン・オン・ザ・ウオーターという美しい村でした。この村は，その名の通り，小川が流れる中央に広がる美しい景観が特徴でした。クリスタルクリアな川は，石橋と古い石造りの建物に囲まれており，まるで童話の世界に迷い込んだような気分でした。私たちは川岸で散歩し，小さなお土産店を訪れました。ここで手作りの工芸品や地元の美味しいお菓子を手に入れ，この村の魅力に魅了されました。

　次に，ストウ・オン・ザ・ウォルドという村に向かいました。この村は，その美しい市場広場と歴史的な建物で知られており，古代からの伝統的な建築物が保存されていました。散策中に，地元の人々と交流し，地元の文化に触れる機会を得ました。

　旅の最後に，バスを降り，青々とした丘陵地帯を背景に広がる広大な牧場を歩き，コッツウォルドの美しい牧場風景を直に堪能しました。牛や羊がのどかに草を食べている姿は，まさに英国の風景画そのもので，この静かな瞬間に自然との調和と平和を感じることができました。

　コッツウォルドではウールや羊毛を用いた伝統的なクラフトや製品が人気で，観光地の村や町で，地元の羊毛製品や羊の肉製品

が販売されていました。また，コッツウォルドには多くの有名人の別荘が点在していました。これらの別荘は，美しい自然環境と静かな田園風景を楽しむための絶景の場所に位置しており，有名な俳優や作家，音楽家などの所有物も含まれています。

ケンブリッジからわずか数時間で行くことができるコッツウォルドへの日帰り旅行は，美しい自然と歴史的な村々を満喫できる素晴らしい機会で，英国の田園地帯の魅力を存分に味わいたい人にとっては，この場所はまさに理想的な場所と言えるでしょう。

6.2.3 ストーンヘンジの神秘

イギリスは歴史的な宝庫であり，その中でもストーンヘンジは，神秘的な魅力と古代の謎に包まれた場所として世界的に有名です。バスツアーは早朝にケンブリッジを出発し，ウィルトシャー地域のストーンヘンジに向かいました。所要時間は約3時間で，車窓からは美しいイギリスの風景が広がりました。緑豊かな丘陵地帯や古代の村々が次第に私たちの周りに広がり，英国の自然美に圧倒されました。バス内では，ガイドが地元の歴史や文化について興味深い説明があり，私たちの期待を高めてくれました。

ストーンヘンジに到着し，天空に向かってそびえ立つ巨大な石を見ると，その存在自体が古代の知恵と神秘を物語っているように思えました。ストーンヘンジ自体の構造は，三つの巨石を門型に組み合わせて，それを馬蹄型に配置したものを中心とし，その外周を巨石で囲んでいます。巨石を巧妙に配置し，厳粛な円環を形作るという，驚くべき技術的偉業で大英帝国の歴史と自然の調

和を象徴するもののようでした。ストーンヘンジは，紀元前3000年から紀元前2000年の間に建設されたと考えられていますが，起源と目的については依然として多くの謎が残っています。研究者たちは，天文学的な観測に使用，宗教的な儀式のために使用，暦の調整や季節の変化を追跡するために使用など，さまざまな説を提唱していますが，ストーンヘンジの真実は未だ解明の途中です。それでも，この神秘的な場所は，古代の石組み技術を使用して建設された史跡で，人々の心を捉え，世界中の考古学者や歴史愛好者にとっても絶えず研究の対象となっています。

　日本にも，奈良時代の石塔や石仏，または縄文時代の石造物などがあります。これらの共通点から，ストーンヘンジと日本の石の史跡は，古代の建築技術，宗教的な用途，文化的な重要性など，さまざまな面で関連性を持っています。事実，ストーンヘンジ・ビジターセンターにて特別展である「環状の石：ストーンヘンジと日本先史時代」が2022年9月より約1年間開催されて，ストーンヘンジと先史時代日本についての展示が行われ，日本からは縄文時代の火焔土器や土偶が展示されました。

　ストーンヘンジは一般的に車両の直接アクセスが制限されている場所です。一般観光客は，ストーンヘンジに車で近づくことはできません。代わりに，専用の駐車場に車を停め，そこから専用のシャトルバスを利用してストーンヘンジの近くに移動することが一般的です。ストーンヘンジの周りには美しい広大な草原が広がっており，訪れる人々がリラックスし，自然と一体になる場所としての役割も果たしています。私は，静かな草原に座り，巨石の歴史と日本の先史時代との関係に思いを馳せながら，この神秘

的な場所での時間を楽しみました。

6.2.4 バースの歴史的遺跡と魅力

　バースは，ケンブリッジからバスで約3〜4時間ほどのイギ
リスの南西部に位置し，美しいジョージアン様式の建物やロマン
チックな風景が広がる魅力的な都市です。バースで最初に訪れた
のは最も有名な観光名所であるローマ時代の温泉浴場でした。こ
の歴史的な遺跡は，ローマ時代の贅沢さと建築技術を見る絶好の
機会でした。温泉浴場の遺跡は非常に印象的で，その歴史的背景
を想像させることができるようなものでした。また，ガイドの説
明を聞きながら，バースの街を歩き，古代ローマの生活について
も学び，ジョージアン様式の建物と美しいストリートを楽しむこ
とができました。

　次に訪れたのはロイヤル・クレセントで，その半月形の建物は
圧巻で壮大な建築に感嘆したのを記憶しています。ロイヤル・ク
レセントは18世紀に建設された建物で美しい景観からなる高級
な集合住宅です。この建物は，富裕な階級の人々や上流階級の
人々によって別荘として建てられ，当時の贅沢な生活を反映して
います。各住戸は広々としており，高い天井や装飾的な要素が特
徴です。今もなおロイヤル・クレセントの住宅は高級住宅として
使用されており，一般の観光客には内部を見学することは難しい
のですが，その美しい外観を楽しむことはでき，バースを訪れる
際には散策してみる価値があるエリアの一つです。さらに，ロイ
ヤル・クレセントからの眺めも美しく，バース市内や周囲の景色
を楽しむことができました。

　また，歴史的なレストランとカフェがあり，伝統的なパンであるバースバンで有名なサリイ・ランズ・イーティング・ハウス（Sally Lunn's Eating House）にも行きました。この場所は，バースの観光名所の一つであり，訪れる観光客にバースの歴史と料理の魅力を体験させてくれます。バースバンは，イギリスのバース地域に起源を持つ伝統的なパンで，大きな丸い形状をしており，上面には砂糖粒やシナモンがまぶされており，これらのトッピングがパンに独特の風味を与えています。バースバンは軽くふんわりとしたテクスチャーを持ち，外側は少しパリッとしており，内部は柔らかくふわふわして甘みがあり，シンプルながら美味しくいただきました。

　さらに，バースはジェーン・オースティンの小説にも登場し，彼女の作品の舞台としても知られています。ジェーン・オースティンは 19 世紀のイギリスの作家で，バースはジェーン・オースティン愛好者や文学ファンにとって特に重要な場所となっています。バースの町並みや風景が，彼女の小説に登場する舞台として完璧に合致していることが理解できると思います。そして，バースは美しい川が流れ，自然に囲まれているため，自然愛好家にも最適な場所で，川岸での散策やピクニックは，リラックスした時間を過ごす絶好の機会になると思いました。

6.2.5　パンティングツアー

　ケンブリッジのパンティングツアーに家族で参加したのは寒い 2022 年 2 月の時期でした。パンティングは，特別なボートで船を使ってケンブリッジのケム川を巡るツアーです。一般的なボー

トのようにオールを使うのではなく，パントと呼ばれる小さな船に乗り，長いポールを使って川を進むのが特徴です。パントは平底のボートで，船頭が長いポールを使って川底を押して進みます。

パンティングツアーの船頭は非常に知識が豊富で，ケンブリッジ大学の歴史や船上から見えるカレッジに関する興味深い情報，秘話やエピソードを披露してくれてツアー参加者を楽しませてくれます。船頭はしばしばケンブリッジ大学の学生がなり，パントを漕ぎながらガイドをしてくれます。私達が参加したパンティングツアーでは，船頭はケンブリッジ大学の学生ではありませんでしたが，通り過ぎるカレッジについて非常に詳しく説明してくれて私達家族を和ましてくれました。私達のツアーで通り過ぎたカレッジはキングス・カレッジ，クイーンズ・カレッジ，トリニティ・カレッジ，セントジョンズ・カレッジで，通過した「数学橋」の話も興味深いものでした。この橋はセントジョンズ・カレッジのメインカレッジエリアとバックストリートの間を結んでいる歩行者専用の橋で，美しいアーチ状の木製構造が特徴で，橋のアーチや構造において使用される原理が数学的な計算に基づいていると言われています。

私達を持て成してくれた船頭はカレッジについてだけでなく，ケンブリッジの歴史と文化についても詳しく説明してくれて，ケンブリッジの理解を深める良き先導となってくれました。パンティングは川の流れに沿って船頭が船を漕ぐ穏やかなツアーで，ゆったりとケム川を進む時はリラックスできるもので，寒さを感じさせないように暖かいブランケットも用意してくれて快適に過

ごせました。冬のパンティングではありましたが，季節感を味わ
う良い機会で，川面に反射する冷たい空気と暖かいコーヒーや紅
茶を楽しむことができ，寒さを感じつつも特別なひとときでし
た。ケンブリッジのパンティングツアーは，家族と過ごす素晴ら
しい時間を提供してくれる観光アクティビティでした。冬でも魅
力的なケンブリッジの景色と船頭の語りが，私達家族に素晴らし
い思い出を残してくれました。

第7章 ケンブリッジ大学とハーバード大学の受験ガイド

7.1 イギリスの大学及びケンブリッジ大学を受験する手順

イギリスの大学への出願は，Universities and Colleges Admissions Service（UCAS）というイギリスの高等教育への総合出願機関を通じて行います。UCAS のウェブサイトでオンライン出願フォームに必要情報を記入し，希望する大学に出願料とともに出願する必要があります。ケンブリッジ大学へ出願する場合，UCAS の申請を提出後 48 時間以内にケンブリッジ大学 My Cambridge Application へリンクするためのログイン情報がメールにて送られてきて，別途 My Cambridge Application を通じて出願する必要があります。My Cambridge Application はケンブリッジ大学が運営するオンラインポータルで UCAS とは完全に独立しており，ケンブリッジ大学の独自の出願プロセスの一部で，UCAS フォームに含まれていない情報をケンブリッジ大学が収集するためのものです。たとえば A-level コースで学んだ科目などが含まれます。

　UCAS 出願フォームに必要情報（進学希望の大学とコース，学歴や職歴の個人情報，パーソナルステイトメント）を入力し，成績表（A-level テストの成績 / 国際バカロレアテストの成績 / ファウンデーション修了テストの成績），推薦状，高校の卒業証明書，英語を母語しない受験者は英語力を証明する書類（TOEFL iBT, IELTS アカデミックなど）も提出することが一般的です。UCAS では一度に最大 5 コースまで出願することができます（医学部，歯学部，獣医学部は最大 4 コース）が，出願する大学・コースの優先順位付けはできません。ケンブリッジ大学受験の場合，ファウンデーションコースはなく，出願者は特定のカレッジを選択するか，オープンアプリケーションにして大学に特定のカレッジを割り当ててもらうことができます。また，基本的には，同じ年にオックスフォード大学とケンブリッジ大学に併願できなく，出願締め切りはオックスブリッジについては 10 月中旬に設定されており，他の大学では 1 月中旬〜下旬に設定されています。

　イギリスの大学とケンブリッジ大学への出願で注意すべき事項は次の通りです。

（1）　追加の試験：一部のコースでは，追加の試験を受験する必要があります。たとえば医学部では The Bio Medical Admissions Test や法学部では Law National Aptitude Test の試験受験が必要となります。ケンブリッジ大学の多くのコースでは，出願者は個々のカレッジが実施している admission assessment を受験する必要が

あります。

(2) 面接: 一部の大学やコースでは，面接が行われることがあります。この際，志望理由，履修希望科目，学術的な能力も評価されます。ケンブリッジ大学のカレッジは admission assessment の一環として出願者に面接試験を実施します。

　各大学やコースが異なる要件を持つため，応募先の要項を確認し，適切な対策を取ることが合格への鍵となります。合否はUCAS 上で確認することができ，通知は出願した大学からメールまたは手紙で届きます。ケンブリッジ大学に関しては，出願者の審査はカレッジ主導となり，提出された情報はカレッジによって評価され，合否が下されます。提出された情報や試験結果の各部分は重要ですが，最も重要なのは最近の成績となります。また，提出された情報や試験結果の一部のみでの合否判定はせず，すべてを総合的に考慮して合否判定します。したがって，たとえば A-level テストでどれだけ成績が良くても，それだけが合否判定に影響を与える唯一の要因とはなりません。

7.2　ケンブリッジ大学に日本から入学するには

　イギリスの大学は，日本の大学のように一般教養を学ぶ課程がなく，通常 3 年制で大学入学後すぐに専門的な勉強が始まります。これは，イギリスで高校に在籍している段階で日本の大学の一般教養課程に該当する A-level コースを修了しているためで

す。イギリスの高校生は大学に進学するために，通常2年間，A-level コースで勉強をします。1年目の Advanced Subsidiary (AS) Level コースのカリキュラムを修了すると AS レベルの試験を受け，2年目の A (Advanced) Level コースのカリキュラムを修了すると A-level テストを受け，大学進学のためには A-level テストに合格することが必要となります。進学を希望する大学とコース入学のために必要な科目と成績を確認する必要がありますが，A-level コースでは少なくとも3科目を集中して専門的に勉強することになります。

　日本からケンブリッジ大学への留学希望時に留意すべき点は，他のイギリスの大学とは異なる入学条件があるということです。通常，日本の高校卒業生がイギリスの大学に留学する場合，大学入学前に1年間のファウンデーションコースを修了する必要があります。このファウンデーションコースは，イギリス式教育制度に合致する一般教養課程となり，一般教養科目や大学の専攻に関連する科目が用意されています。ただし，ケンブリッジ大学に留学する場合，通常のファウンデーションコースを経て入学する方法は存在しません。日本からケンブリッジ大学に入学するには，A-level コースの修了資格を得る必要があります。また，単に修了資格を得るだけではなく，ケンブリッジ大学へ留学希望者は A-level テストでイギリスや他国の学生と同等の高得点を取得する必要があります。A-level コースの成績評価は，科目ごとに6段階となります。6段階の成績評価は A* (90% 以上)，A (80%)，B (70%)，C (60%)，D (50%)，E (40%) となっていて，C 以上が合格基準として望ましいと考えられています。ケ

ンブリッジ大学進学を希望する場合，すべての科目において，A* に近い，つまり最高の成績を目指す必要があります。

さらに，日本の高校を卒業して母語が英語でない場合，イギリスの大学に進学する際に英語力を証明する必要があります。一般的に要求される試験には，IELTS アカデミックや TOEFL iBT が含まれます。大学やプログラムによって要求されるスコアが異なりますので，出願先の要件を確認して適切な試験を受験し，要求されるスコアを達成する必要があります。ケンブリッジ大学への入学の場合，高度な英語力を証明する IELTS アカデミックや TOEFL iBT のスコア提出が必要で，たとえば IELTS アカデミックでは総合評価が 8.0 以上（各パートで 8.0 以上），TOEFL iBT では総合スコアが 110 以上（各セクション 25 以上）あることが望ましいです。ケンブリッジ大学への入学を目指す場合，高い入学適性試験の成績だけでなく，総合的な英語能力を証明できるようにするためには十分な準備が必要です。

7.3　イギリスの大学院及びケンブリッジ大学大学院に入学するために

イギリスの大学院への出願は，通常，進学を希望する大学院に直接します。一部の大学では共通の申請プラットフォームである UCAS を使用する場合もあります。イギリスの大学院に進学するために必要な書類は，入学を希望する大学のウェブサイトを通じて詳しく調査し，提出すべき書類，要件，締切日を確認することが重要です。また，イギリスの大学院は，コースによって異な

りますが，修士課程は 1 年間，博士課程の場合には 3 年以上修
了するのにかかります。

　大学院のウェブサイトからオンライン出願フォームに必要情報
（希望のコースやプログラム，学歴や職歴などの個人情報）を入
力してから提出し，出願料も支払います。ケンブリッジ大学大学
院では，ケンブリッジ大学受験の場合と同様，出願者は特定のカ
レッジを選択するか，オープンアプリケーションにして大学に特
定のカレッジを割り当ててもらうこともできます。通常，入学審
査は書類のみで，提出すべきものは，学位証明書と成績証明書，
推薦状，パーソナルステイトメント，研究計画書（博士課程研究
志望の場合），英語を母語としない受験者は英語能力証明書とな
ります。基本的にはアメリカの大学院のように Graduate Record
Examination（GRE）などの標準テストスコアの提出は必要あり
ませんが，出願先となる大学院の学部や学科によって提出すべき
書類要件が異なります。

　学士号や修士号を証明する学位証明書については，正式な翻訳
と発行元の大学または大学院認定を受けたものである必要があり
ます。海外からの出願の場合，不正ケースが生じたケースがあ
り，これらの書類は厳密に精査されます。また，イギリスの大学
で採用されている成績は主に四つ（First, Upper Second, Low-
er Second, Third）に分類され，ケンブリッジ大学大学院では成
績は「Good Upper Second Class」以上を基本的な出願基準とし
ています。つまり，Good Upper Second Class は非常に良い上
位ランクの成績を意味します。イギリスの大学院とケンブリッジ
大学大学院への出願で注意すべき事項は次の通りです。

(1) 面接：イギリスの大学院の場合，入学審査は書類のみ
となっていますが，ケンブリッジ大学大学院では，進
学を希望する学部や学科で出願者に対して面接を行う
ことがあります。これは，ケンブリッジ大学の学部の
入学試験時にカレッジが出願者に対して面接を行うの
とは異なります。すなわちケンブリッジ大学の学部入
試ではカレッジが主導的役割を果たすのに対してケン
ブリッジ大学の大学院入試では大学院の学部や学科が
主導的役割を果たします。

(2) 入学適性試験：前述したように通常入学審査は書類の
みとなりますが，ケンブリッジ大学経済学部の大学院
では GRE General Test スコア，ケンブリッジ・ジャッ
ジ・ビジネス・スクールでは GRE または Graduate
Management Admission Test (GMAT) スコアの提出が
必要となります。ケンブリッジ大学経済学部大学院
では GRE General Test の Verbal Reasoning と
Quantitative Reasoning, Analytical Writing で4以上，
ケンブリッジ・ジャッジ・ビジネス・スクールの Mas-
ter of Business Administration (MBA) プログラムに
進学するためには GRE General Test で各 162 以上，
GMAT では 690 以上，GMAT Focus Edition では 635
以上のスコアの提出が望ましいです。GRE は，主にア
メリカの大学院に進学するために受験が必要な標準テ
ストの一つで，受験者の言語的推論力，数学的推論
力，批判的思考と分析的ライティング力などの能力を

評価します。GRE は, Verbal Reasoning, Quantitative Reasoning, Analytical Writing の三つのセクションから成り立っており, Verbal Reasoning と Quantitative Reasoning のスコアは 130 から 170 の範囲で, Analytical Writing のスコアは 0 から 6 の範囲で評価されます。GMAT は, 主にアメリカの MBA プログラムに進学するために受験が必要な標準テストですが, 他のビジネス関連の大学院プログラムでも受験を要求されることがあります。GMAT は, 受験者の言語的能力, 数学的能力, 論理的思考力, 分析的ライティング力, 統合推論能力などの幅広いスキルを評価します。GMAT は, Verbal Section, Quantitative Section, Analytical Writing Assessment, Integrated Reasoning の四つのセクションから構成されています。Verbal セクションと Quantitative セクションのスコアが合算されて総合スコアは 200 から 800 の範囲で評価されます。Analytical Writing Assessment は 0 ～ 6 の範囲で評価され, Integrated Reasoning は 1 ～ 8 の範囲で評価されますが, 総合スコアの中には含まれません。GMAT は 2024 年 1 月末で廃止され, 2023 年 11 月 7 日から新形式 GMAT（GMAT Focus Edition）が開始となりました。GMAT Focus Edition は Quantitative Reasoning, Verbal Reasoning, Data Insights の三つのセクションから構成されています。旧 GMAT の Analytical Writing Assessment が廃止となり, 旧 GMAT の Integrated

Reasoning が新形式の Data Insights に統合され，総合スコア（205 〜 805）に合算されます。

(3) 学術論文や著書などの提出：ケンブリッジ大学大学院の一部の学部や学科では，出願者の知識と研究者として資質を評価するために，学術論文や著書などの提出を求めることがあります。

(4) 英語能力証明書：英語が母語でない場合，大学院が指定する英語試験のスコアを提出するのが一般的です。ケンブリッジ大学大学院への入学に際して，高度な英語能力を証明するためには，通常学部入学と同様に，IELTS アカデミックや TOEFL iBT のスコア提出が求められます。IELTS アカデミックでは，総合評価が 8.0 以上であることが推奨され，TOEFL iBT では，総合スコアが 110 以上であることが推奨されます。

　通常，イギリスの大学院への出願時期は決まっていなく，ローリング制度を採用しています。応募があった順に審査し合否を出すため，人気が高い学部はすぐに締めきってしまうこともあります。すなわち出願が早ければ早いほど審査に有利と考えられています。ただし，ケンブリッジ大学大学院では出願時期が決まっているために進学を希望するコースの締切日を確認した上で出願準備する必要があります。さらに，合否通知は出願した大学院からメールで届きますが，出願した大学院のオンラインポータルを通じて確認することもできます。また，ケンブリッジ大学大学院の合否に関しては，大学院の学部や学科が主導的役割を果たし合否

通知を出します。

7.4　アメリカの大学及びハーバード大学を受験する手順

　ケンブリッジ大学はイギリスの，ハーバード大学はアメリカの教育界において象徴的な存在であり，両大学は国際的な学際的な研究と共同プロジェクトにも積極的に取り組んでいます。ハーバード大学の所在地であるアメリカのケンブリッジは，イギリスのケンブリッジからの移民によって築かれ，その移民の中にはハーバード大学創立と関係のあるジョンハーバードがいます。そのため，初期のハーバード大学の教育方法には，ケンブリッジ大学の影響があった可能性があります。そのような歴史的背景を鑑み，前章ではイギリスの大学や大学院およびケンブリッジ大学や大学院への入学ための手順について触れましたが，次にアメリカの大学と大学院およびハーバード大学と大学院への入学ための手順を紹介いたします。

　アメリカの大学出願において，個々の大学のウェブサイトから直接出願することが可能なところもありますが，最近の一般的な出願方法は Common Application または Coalition Application を使用することです。また，Coalition と Scoir の連携により，Scoir のアカウントから Coalition の加盟大学に直接出願できるようになりました。これらの共通アプリケーションプラットフォームを利用することで，複数の大学に一度に出願を可能にし，出願プロセスを効率化しました。いずれの方法を使うにせよ，ウェブサイト上でオンライン出願フォームに必要な情報

（パーソナルステートメントを含む）を正確に入力し，出願料も支払う必要があります。通常，提出すべきものに高校の成績証明書，入学適性試験としての標準テストである Scholastic Assessment Test（SAT）または American College Testing（ACT）のスコア，英語を母語としない出願者は英語能力証明書（TOEFL iBT，IELTS アカデミックなど），推薦状などが含まれます。しかし，最近では，一部の大学やハーバード大学は新型コロナウイルス感染症の影響で SAT や ACT の提出を任意または必須でないとするポリシーを導入しています。このような状況においては，テストを受験するかどうかを選択できることが多くなりましたが，SAT や ACT は学力を測る大きな共通の物差しとなるので，良いスコアを取ることができた場合は提出すべきです。

　アメリカの大学受験では，高校時代の成績は非常に重要な要素として評価されます。成績である Grade Point Average（GPA）は，成績の平均点を示す指標でアメリカの学校では，通常，4.0 スケール（A，B，C，D）で評価されます。A から D までの成績が対応する点数に変換され，それらの平均が計算されます。高い GPA は，大学受験において有利な要素とされ，一部の学校では，学生の成績をクラス内でのランキングに基づいて評価します。このランキングは，学生が自分のクラス内でどれだけの位置にいるかを示すもので，トップクラスにランクインすることが大学受験において有利とされます。ハーバード大学に入学を希望する高校生は非常に高い学業成績を持つことが一般的で，ハーバード大学合格者の多くはすべての科目で A 以上の成績を取得しています。

　SAT と ACT は，アメリカの大学入学試験として広く使用されている二つの主要な標準テストです。SAT は Reading and Writing セクションと Math セクションと二つのセクションに分かれており，Reading and Writing セクションは Reading パートと Writing パートの二つのパートから構成されており，Math セクションは，Non-Calculator パートと Calculator パートの 2 パートから構成されています。各セクションは 200 〜 800 のスケールで採点され，合計 1600 が最高点となります。試験は Math セクションの一部を除いて，マークシート式テストとなり，テスト時間は 2 時間 14 分です。ただし，エッセイは廃止されましたが，アメリカの一部の州の提携先ではエッセイが必要な場合があります。

　ACT は English セクション，Math セクション，Reading セクション，Science セクションと四つのセクションから構成されています。各セクションが 1 〜 36 のスケールで採点され，合計 144 が最高点となる。四つのセクションは，エッセイを書く Writing のセクションを除いて，すべてマークシート式テストとなり，合計テスト時間は 2 時間 55 分です。ただし，エッセイ有りで受験する場合のテスト時間は 3 時間 35 分となります。ACT では「Science」という科目があるのが SAT 試験との違いと言えるでしょう。過去の統計結果を鑑みると，ハーバード大学への合格には非常に競争が激しく，SAT スコアが 1500 以上，ACT スコアが各セクションで 34 以上が必要とされています。ただし，これらのスコアだけが合格の決定要因ではありませんが，点数は高ければ高いほど有利になると考えられます。アメリカの大学と

ハーバード大学への出願で注意すべき事項は次の通りです。

(1) 面接：アメリカの大学の入学プロセスにおいて，面接は一般的に必須要件ではありません。ほとんどのアメリカの大学は高校の成績，標準テストのスコア，パーソナルステイトメント，推薦状，英語を母語としない受験者の英語能力証明書などを主要な入学要件としています。ハーバード大学に関しては，ハーバード大学卒業生による面接を実施していますが，すべての出願者が面接を受けるわけではありません。

(2) 出願時期：Early Action, Early Decision, Regular Decision, Rolling Admission と四つに分類することができます。Early Action は，出願締め切りが通常 11 月初旬から 11 月中旬に設定され，合否判定が早い段階で通知されます。しかしながら，この出願方法は非拘束型であるため，合格を受諾するかどうかは自由であり，同時に他の大学にも出願することが可能です。Early Decision も Early Action と同様，早期に合否通知を受け取りますが，拘束型なので合格を受けとった場合はその大学に進学することを確約する必要があります。上記の Early Admission (Early Action, Early Decision) を選ぶ出願者は少数で，多くの出願者は Regular Decision を選び，9 月に入学する秋季の場合，出願締め切り日は通常，入学年と同じ年の 1 月から 2 月の間で，3 月から 4 月の間に合否の通知を受け取ります。Rolling

Admission は，決まった出願の締め切り日がなく，随時出願を受け付け，合否通知を出します。定員が一杯になるまで願書を受け付けるため，各大学の願書受付の日程はさまざまです。ちなみにハーバード大学では Early Action を採用しています。

　合格通知は多くの大学では大学のウェブサイト上の専用のアプリケーションポータルに合格通知をアップロードするか，またはメールで通知します。ハーバード大学では，ハーバード大学独自の Application Portal に出願者の合否をアップロードし，出願者自身が確認できるようになっています。さらに，ハーバード大学への出願に際して，エッセイ，ポートフォリオ，SAT Subject Tests のスコア，Advanced Placement Exam や国際バカロレア試験のスコアなどの提出が許可されています。これもハーバード大学の出願要件は非常に競争が激しいために，追加の資料やテスト結果を提出することで受験者の個性と能力を際立たせること，注目してもらうことが重要となっています。

7.5　ハーバード大学に日本から入学するには

　ハーバード大学や他の多くの大学が SAT と ACT のスコア提出を任意とする政策を導入していますが，日本からの出願の場合でも高いスコアを取得できた場合に提出すべきです。ハーバード大学は高校の学業成績や標準テストスコアに加えて，エッセイ，ポートフォリオ，推薦状，課外活動などの多くの資料を総合的に

評価する方法を採用しています。しかし，多くの審査対象の資料の中でも，標準テストは共通の物差しとなり，高い SAT や ACT スコアは他の出願者との競争において差別化できる重要な要素となり学力をアピールする絶好の資料となります。

　SAT と ACT は，共にエッセイをオプショナルとしていますが，両標準テストにおいて異なる特徴が存在します。まず，SAT ではエッセイは廃止となりましたが，アメリカの一部の州ではエッセイが必要な場合があります。その SAT のエッセイでは「著者の文章を分析」することが求められますが，ACT のエッセイでは「自分の意見を言う」ことが必要です。アメリカでは自己主張が重要視され，育てられてきた文化が影響し，これが ACT のエッセイでの自己主張が求められる背景となりますが，日本人は協調性を重んじて育てられることが一般的で，自分の意見を述べることが苦手とされています。そのため，ACT のエッセイが日本からの出願者にとっては不利となる可能性があり，日本からの出願者にとっては SAT のエッセイの方が取り組みやすいと考えられます。

　また，SAT と ACT の二つ目の異なりは各問題に対しての解答時間の違いです。SAT は制限時間を問題数で割ると SAT は 1 問を約 1 分 37 秒で解答しなければいけないのに対して ACT は 1 問を約 50 秒で解答する必要があります。ACT の方が素早く解答する力が問われるということになり，迅速な問題解決能力をテストする傾向があることを示しています。

　さらに，SAT と ACT の三つ目の異なりは，ACT には「Science」科目が存在する点です。興味深いことに，この科目は科学

の専門知識がなくても解答できる問題が多く，数学が得意な日本からの出願者にとっては有利な側面があります。

　どちらの標準テストを選択するかは，試験を実際に受験して自分に適した方を選択することが重要です。自己主張や解答速度，科学に対する自信など，出願者の特性を塾考した上で適切なテストを選択しましょう。そして，試験に臨む前にそれぞれのテストの形式や要件をよく理解し，念入りな事前の対策を行うことも大切です。

　また，ハーバード大学では国内と国外からの出願者に対して公平な立場で審査するということで英語能力証明書を提出する必要はないのですが，高い英語能力証明書のスコアを提出することは，日本からの出願者において有利になる可能性があります。高い標準テストスコアの提出と同様，高い英語能力証明書スコアを提出することで，他の国外からの出願者との競争において差別化できます。高いスコアは出願者の英語力を証明し，大学への入学のための自身の価値を高める要素となります。すなわち高いスコアを提出することで，ハーバード大学が出願者の英語力を確認できるため，学業において成功するための確信を与えることとなります。また，ハーバード大学は文化的多様性を高く評価し，国際的なバックグラウンドを持つ学生を歓迎しています。英語能力証明書の高いスコア提出は，異なる文化的背景を持つ日本からの出願者の英語文化圏での言語的な適応力を示す手段となります。一般的な提出すべき目安となるスコアは，TOEFL iBT では総合スコア 110 以上（各セクション 25 以上），IELTS アカデミックでは総合評価が 8.0 以上（各パート 8.0 以上）となります。

7.6 アメリカの大学院及びハーバード大学大学院に入学するために

　アメリカの大学院への出願は，一般的に各大学のウェブサイトを通じてオンラインで行います。直接その大学院にオンラインで願書を提出するプロセスを経て，合否通知が出る場合が一般的です。また，アメリカの大学院プログラムは，学術系と専門職系の二つの主要なカテゴリーに分けることができます。それぞれのカテゴリーには異なる特徴があります。

　学術系プログラムは，学術的な研究と学問の発展に重点を置いています。修士課程は通常1年から2年かかりますが，プログラムや専攻によって異なります。そして，博士課程は一般的に4年以上かかることがあります。対照的に，専門職系プログラムは，特定の職業や産業に関連するスキルと知識の習得を目的としており，医学部，法学部，ビジネススクールなどが含まれます。専門職系プログラムの期間は大学やプログラムによって異なりますが，一般的な専門職系の修士課程は通常1年から2年間のプログラムとなり，専門職系の博士課程は通常さらに3年から4年以上かかります。

　オンライン出願フォームに必要情報（希望のプログラムを含む個人情報など）を入力してから提出し，出願料も支払います。提出すべきものは，大学や大学院の成績証明書，パーソナルステイトメント，研究計画書（博士課程研究志望の場合），入学適性試験のスコア，履歴書などとなります。入学適性試験としての標準テストについては，大学院プログラムによって異なりますが，た

とえば専門職系大学院の中でも，経営学では GMAT，法学部では Law School Admission Test（LSAT），医学では Medical College Admission Test（MCAT）のスコアを提出することになります。また，専門職系以外の大学院では GRE のスコアを提出するのが一般的です。さらに，英語を母語としない出願者は英語能力証明書（TOEFL IBT，IELTS アカデミックなど）を提出することが求められます。

　アメリカの大学院への入学においては，学部入試の時と同様に GPA は非常に重要な要因の一つですが，その重要性はプログラムや大学によって異なります。一般的に，高い GPA は大学院への入学に有利ですが，アイビーリーグの大学院への入学においてはさらに競争が激化することが多いため，より高い GPA が求められます。ハーバード大学大学院への入学においては通常 3.5 〜 3.8 以上の GPA が求められます。アメリカの大学院とハーバード大学大学院への出願で注意すべき事項は次の通りです。

(1)　面接：アメリカの大学院への入学プロセスにおいて，面接は必ずしも一般的な要件ではありません。ハーバード大学大学院では，すべてのプログラムが入学面接を行うわけではありませんが，ハーバード医学大学院，ハーバード法科大学院，ハーバードビジネススクールなどは入学面接を行います。また，ハーバード大学大学院の博士課程への出願者は，入学プロセスの一環として面接が課されることがあります。面接の際には，一般的な大学院面接の質問に加えて，博士課程への志

望理由や研究興味，学術的な目標について質問されます。

(2)　入学適性試験：ハーバード大学大学院では，コロナウイルスの影響により学部入試と同様，多くの大学院の学部や学科が標準テスト（GRE，GMAT など）のスコアの提出を一時的に免除またはオプショナルとなりました。しかし，将来的に標準テストスコア提出が再び必要とされる可能性があり，大学院入学プロセスは個々の状況に応じて異なりますので，定期的に大学院のウェブサイトをチェックし，最新の情報を把握することが必要です。ハーバード大学の大学院プログラムにおいて，高い GRE や GMAT のスコアは有利な要因の一つとされ，出願者の学業の能力や適性を証明する手段となり奨学金の獲得やフェローシップの選考においても有利になることがあります。ちなみに，ハーバード大学ビジネススクールに合格するためには GRE の Verbal Reasoning & Quantitative Reasoning で各 163 以上，GMAT において 740 以上が望ましいと考えられています。

(3)　英語能力証明書：ハーバード大学大学院への入学において，英語を母語としない出願者にとっては高い TOE-FL iBT スコアや IELTS アカデミックのスコアは非常に有利になり，英語能力が合否において非常に重要な要因となります。具体的なスコアの要件は変動することがありますが，通常は TOEFL iBT では 110 以上，

IELTS アカデミックでは 8.0 以上が望ましいと考えます。

　上記の内容は大学院出願の基本的な要件ですが，大学院やプログラムによってはさらに追加の書類提出が必要であったり，出願要件が異なることがあります。出願前に選んだ大学院の出願要件を確認し，必要な提出書類と締切り時期についての詳細情報を確認する必要があります。

第8章 ケンブリッジ大学とハーバード大学を比較して

8.1 異なる視点での比較

　ケンブリッジ大学とハーバード大学，イギリスとアメリカのそれぞれの教育界において象徴的な存在でありながら，異なる歴史，文化，および教育のアプローチを持っています。この比較では，二つの大学を10の視点から探求し，それぞれの独自性や特徴を浮き彫りにします。学問，研究，キャンパス生活，国際的な展望など，異なる側面から見たとき，ケンブリッジ大学とハーバード大学はどのような共通点と相違点を有しているのかを探ってみましょう。

		ケンブリッジ大学	ハーバード大学
周辺環境		田園都市型	都市型
設立年		1209 年	1636 年
運営形態		国立	私立
教育体制		カレッジと学部で協力指導	学部での指導
入学適性試験 (学部)		A-level テストや国際バカロレアテスト	SAT や ACT スコア (任意)
英語能力証明書		IELTS アカデミック, TOEFL iBT	TOEFL iBT, IELTS アカデミック
合格率(学部)		約 20%	約 5%
世界ランキング		2 位 (QS: 2024) 5 位 (THE: 2024) 4 位 (ARW: 2023)	4 位 (QS: 2024) 4 位 (THE: 2024) 1 位 (ARW: 2023)
学生数	学部	約 12,940 人 (2020–21)	約 7,063 人 (2023)
	大学院	約 11,330 人 (2020–21)	約 14,369 人 (2023)
学費	学部	College (2024–25): £9,275 〜£12,950 University (home students in 2024–25): £9,250 〜£12,258, University (international students in 2024–25) £25,734 〜£67,194	$54,269 (2023–24)
	大学院	£9,858 〜£17,022 (home students in 2024–25) £29,826 〜£41,694 (international students in 2024–25)	$30,472 〜 $74,910 (standard courses in 2023–25)

注：QS＝QS World University Rankings, THE＝Times Higher Education World University Rankings, ARW: Academic Ranking of World Universities

8.1.1　周辺環境

　ケンブリッジ大学はケム川のほとりに広がっており，各学部の
キャンパスやカレッジは市内に点在し，単一のメインキャンパス
が存在しません。31のカレッジから構成するユニークなカレッ
ジ制度を有し，各カレッジは独自の建物，教授陣，学生寮，図書
館，文化，伝統を持っており，それぞれのカレッジが個別のキャン
パスを形成し，学生たちに個別のアカデミックサポートと学習
環境を用意しています。カレッジごとに異なる特性があり，それ
ぞれが異なる文化的且つ歴史的背景を持つことがカレッジ制度の
魅力となっています。異なるカレッジでの学生生活や学術活動を
通じて，多様性と独自性が育まれ，学生たちが自らの興味や専門
分野を追求する土壌を形成しています。

　ケンブリッジ市は，静かで美しい田園地帯に囲まれており，特
に春の季節になると，美しい川岸でボートが漕がれ，川の静かな
流れに沿って散歩する人々が増え，市内の生活に活気をもたらし
ます。市内には美術館，博物館，古代の建造物，カフェ，レスト
ランが点在し，中世の雰囲気を醸し出す歴史的な建物の間を散策
することができます。主要な交通手段として自転車は非常に便利
で，市内のほとんどの場所に自転車用の駐輪スペースがありま
す。また，自転車道が整備されており，環境にも配慮した移動手
段として非常に人気があります。

　ケンブリッジ市内の公共交通機関も発展しており，バスを利用
することが一般的で，2階建てのバスも広く運行されています。
さらに，ケンブリッジはロンドンへのアクセスが良い場所になっ
ており，ロンドンから鉄道で約1〜1時間半程度のところに位

置しており，ロンドン・キングス・クロス駅からは直通列車が頻繁に運行されています。そのため，文化的なイベントやエンターテイメントを楽しむにも便利な拠点といえるでしょう。また，ケンブリッジの近くにロンドン・スタンステッド空港があり，ヨーロッパ各地へのアクセスにおいても便利で，とりわけ国外からの交流を活発化させる要因となっています。

　ハーバード大学はアメリカのケンブリッジ市に位置しており，メインキャンパスであるハーバードヤードには，ハーバードカレッジ，ハーバード文理大学院，ワイドナー図書館，記念教会，ジョン・ハーバード像のほかにもいくつかの重要な建物や施設が存在します。ジョン・ハーバードの像は大学の設立者関係者に敬意を表す存在でメインキャンパスの象徴でもあり，学生たちや来訪者が立ち寄り，大学の歴史に触れる場所となっています。そして，ハーバード大学の文理大学院以外の大学院は，ハーバードヤード以外の複数の場所に分散して存在しています。

　ハーバード大学周辺には，ハーバードスクエアとして知られる活気あるエリアが広がっています。ハーバードスクエアは，カフェ，レストラン，書店，アートギャラリー，地元の市場などが集まる場所で，人々に多くのエンターテイメントとショッピングの機会を提供しています。特に週末にはフリーマーケットやストリートパフォーマンスが楽しめ，地元の文化に触れる機会となります。

　ハーバード大学の位置は，ボストン市に非常に近く，学生たちはボストン都市圏を広範囲で結ぶ公共交通機関を利用できます。地下鉄駅やバス停がハーバードスクエア周辺にあり，ボストン市

内へのアクセスが非常に便利です。これにより，ボストンの歴史的な地区や文化的なイベントに簡単にアクセスできます。また，ボストン・ローガン国際空港も比較的近くに位置しており，アメリカ国内外からの交流が盛んなハーバード大学での生活をさらに魅力的なものにしています。

　ケンブリッジ大学とハーバード大学の周辺環境は異なり，ケンブリッジ大学は田園地帯の美しさと中世の雰囲気を醸し出す歴史的な魅力を提供し，ハーバード大学は都市の魅力と多彩な文化体験を楽しむことができます。両大学周辺の交通利便性も高く，学生が自身の好みに合わせて魅力的な環境を選ぶことができます。

8.1.2　歴史的背景と現在

　ケンブリッジ大学はイギリスのケンブリッジ市に位置し，1209 年に設立され，世界で最も古い大学の一つです。大学の設立は，オックスフォード大学と並び，イギリスの中世大学の発展期に遡ります。当時，オックスフォード大学は既に存在しており，オックスフォード大学の一部の学者が異なる教義に基づく教育を望み，ケンブリッジに新たな大学を設立することになりました。ケンブリッジ大学は，多くの独立したカレッジから成り立っており，最初のカレッジであるピーターハウス・カレッジが1284 年に設立され，その後，他のカレッジが続々と創設されました。このカレッジ制度は中世の大学の伝統を反映しており，ケンブリッジ大学のキャンパス構造の特徴となっています。設立後，ケンブリッジ大学は，多くの学問分野で重要な進歩を遂げ，著名な教育機関としての地位を築いてきました。多くのノーベル

賞受賞者を輩出しており，科学，文学，平和などの分野で優れた業績を収めています。有名な卒業生には，アイザック・ニュートン，スティーヴン・ホーキング，ジョン・メイナード・ケインズなどがいます。現在のケンブリッジ大学は国際的に高い評価を受けており，世界中から学生と研究者が集まっています。研究活動も活発で，さまざまな分野で重要な貢献をしています。特にケンブリッジ大学は技術とイノベーションの分野でも重要な役割を果たしており，ケンブリッジ地域は「シリコンフェン」として知られ，多くのテクノロジー企業が拠点を置いています。学際的なアプローチと高い教育水準により，多くの分野で卓越した成果を上げており，世界中の学生，教育者，研究者にとって魅力的な場所となっています。

　対照的に，ハーバード大学はアメリカのケンブリッジ市に位置し，1636 年に設立され，アメリカで歴史のある大学の一つです。設立時の背後にはピューリタンの清教徒の影響がありました。清教徒たちは宗教的な価値観を重要視し，教育を受ける機会を提供したいと考えハーバード大学を設立しました。ハーバード大学の名前の由来は主要な寄付者の一人であるジョン・ハーバード牧師です。ハーバード大学の初期においては宗教的な教育が中心でしたが，17 世紀末から 18 世紀初頭にかけて，ハーバード大学はプラクティカルな教育を行い，イギリスの大学とは異なるアメリカの伝統に根ざした独自の教育を実施するようになりました。19世紀になると，ハーバード大学は多くの教育改革を実施し，研究の重要性を強調し，この時期に法学校，医学校，ビジネススクールなどの専門教育機関を設立し，大学の多様な学問領域への貢献

を始めました。

　ハーバード大学は多くの著名な卒業生や教員を輩出し，現在，政治，ビジネス，文化，科学，医療などの分野で重要な影響を与えています。また，教育，研究，学際的な取り組みのリーダーとしての地位を確立し，世界中から学生，教員，研究者を集めています。ハーバード大学は，アメリカの教育と研究の中心地として長い歴史を持ち，世界中の学術と研究への貢献を続けています。

8.1.3　運営形態

　ケンブリッジ大学はイギリス政府からの助成金を受けており，これは大学の運営費用の一部をカバーします。政府からの助成金は，学生の経済的負担を軽減するための奨学金，大学の研究プロジェクトを支援するために研究助成金，大学の施設やキャンパスのメンテナンス，一般市民にも教育や文化活動の機会を提供する公共的な教育サービス，高品質な教育と研究を行うための一般的な運営費用に充てられます。そして，イギリス国内外の学生からの学費収入が大学の収益源の一部にもなります。学費はイギリス国内学生と留学生で異なり，留学生の場合，通常，国内学生の学費より高くなります。また，カレッジはカレッジ内での収益やカレッジが管理する資産からの収益の一部をケンブリッジ大学に供与し，ケンブリッジ大学はこの資金を大学全体の運営費用に充てます。さらに，ケンブリッジ大学は研究助成金を政府機関からだけでなく，民間の財団，産業界からも受け，卒業生，大学支援者，慈善団体からの寄付や寄贈をも受けており，これらの資金は大学の発展と研究プロジェクトに使用されます。

　ハーバード大学は，その運営において非常に大規模な投資収益を得ており，これが大学の主要な収入源の一つです。大学は，長期的な資金プールである寄付金基金の資産運用である「エンドウメント投資」の収益を積み立て，これを運用しています。エンドウメント投資は大学の長期的な財政安定性を支え，運用資産は多様なクラスに分散されています。これには株式，未公開株式，債券／国債，不動産，ヘッジファンド，天然資源投資などが含まれます。そして，エンドウメント投資はハーバードマネジメントカンパニーという投資専門の会社が行い，プロのファンドマネージャーや投資アナリストが市場の動向を追跡し，最適な運用戦略を追求しています。投資収益は大学の運営費用，研究プロジェクト，施設のメンテナンス，学生支援，奨学金プログラムなど，さまざまな目的に使用されます。ハーバード大学はその運用能力と資産分散戦略により，高品質の教育と研究活動を維持し，キャンパスを発展させるための資金を確保しています。

　投資収益に加えて，ハーバード大学はアメリカ国内外からの多くの学生からの学費や卒業生や支援者からの寄付と寄贈に支えられています。個人寄付は大学全体や特定の学部，プログラム，研究プロジェクトなどに使用されます。また，寄贈ファンドが設立され，教育，研究，建設プロジェクトなどの特定の目的やプロジェクトに資金を拠出します。

　さらに，多くの寄贈者によって支援された奨学金は，学生の教育へのアクセスを改善するために使用されます。これらの奨学金は，学生の学費をカバーし，優秀な学生に経済的なサポートを提供します。ハーバード大学は定期的に世界的な規模で資金キャン

ペーンを実施し，特定の目標を達成するために資金を調達し，大学の将来の発展を支援します。

　そして，研究活動をサポートするために，アメリカ連邦政府，政府の機関やプログラムからの助成金も得ています。特に国立衛生研究所や国立科学財団からの助成金が大学の多くの研究活動をサポートしています。また，多くの民間財団から支援を受けています。その他の収益として，大学の図書館利用料金の徴収，大学が所有する美術館の入場料徴収，公共イベント，講義，学会，セミナーなどを通じての収益，大学内の施設や会議室の利用料金の徴収などがあります。

　ケンブリッジ大学とハーバード大学は，それぞれ異なる運営形態を持ちながらも，両大学は高品質の教育と研究を実行するためにさまざまな収入源を活用しています。ケンブリッジ大学は，イギリス政府からの助成金や学生の学費，研究助成金，寄付や寄贈などを収入源とし，大学全体の運営費用や研究プロジェクトの支援に活用しています。一方，ハーバード大学は，エンドウメント投資からの投資収益や学生の学費，寄付や寄贈，連邦政府や民間財団からの助成金などを活用しています。両大学はそれぞれの運営モデルによって持続可能な財政基盤を確立し，世界的な教育と研究のリーダーシップを維持しています。

8.1.4　教育体制

　ケンブリッジ大学はカレッジ制度を有し，学生の所属カレッジでの教育として主にスーパービジョンが行われます。これは，個別指導または小グループ形式での指導で，学生と専門の教員が対

話し，学問について深い議論を行います。カレッジでの教育は，学生の個別のニーズと進度に合わせて調整され，文化的な交流やカレッジの伝統を体験する場でもあります。そして，ケンブリッジ大学の学生は学部にも所属し，講義やセミナーを通じてそれぞれ特定の学問分野の指導を受けます。これらの授業はケンブリッジ大学全体で共通のもので，異なるカレッジの学生が一緒に受講します。学部での教育は，学生が専門知識を深め，学問の専門家として成長するのに役立ちます。

　ハーバード大学にはケンブリッジ大学のようなカレッジ制度はありません。ハーバードカレッジはハーバード大学内の一学部のようなもので，学士課程を提供し，学生は専攻を選択する柔軟性がありつつも，ケンブリッジ大学のカレッジとは異なります。ハーバード大学は，異なる学部からなる大学で，各学部が独自のカリキュラムを提供し，異なる学部を統合した大学です。さまざまな学問分野に焦点を当てた多くの学部が共存するという点ではケンブリッジ大学と同じです。

　ケンブリッジ大学のようなイギリス式の教育制度を持つ大学では，通常の学士課程の在学期間は3年間で，学生は入学当初から専攻分野に焦点を当てた学習に取り組みます。これは，イギリスの高校教育において，学生が大学進学前に専攻分野を選択し，それに関連する勉強を行うことが一般的であるためです。3年目は，学生が学問的な深化と専門的なスキルの習得に焦点を当てる重要な時期であり，学士号を取得するために必要な要件を満たす段階でもあります。

　対照的に，ハーバード大学のようなアメリカの大学では，通常

の学士課程の在学期間は4年間で，1年生から2年生にかけては基礎的な教養科目を幅広く学び，3年生からは各自の専攻分野の研究を進め，4年目は，学生が専門的な研究やキャリアの準備を行う重要な段階であり，卒業に向けての準備が進められます。学士号取得のために必要な単位取得とともに専門的な実務経験を積み研究を継続します。

　このように，ケンブリッジ大学とハーバード大学の学士レベルでの教育制度は，学生が専攻に焦点を当てるタイミングに違いがあります。ケンブリッジ大学では専門的な研究が早い段階から始まり，ハーバード大学ではリベラルアーツ教育に焦点を当て，専攻に進む前に幅広い教養科目を履修し，最終的には専門のまとめ的な作業に入ります。この違いは，イギリス式とアメリカ式の大学教育システムの根本的な違いを反映しています。ケンブリッジ大学のアプローチは学生が早い段階から専門的な知識を獲得することを重視し，ハーバード大学は学生に幅広い学際的な教育を提供してから専攻に焦点を当てるアプローチを取ります。どちらのアプローチも学生に異なる学習体験を提供し，彼らの個々の教育目標や興味に合わせた選択肢を用意します。

8.1.5　入学適性試験

　ケンブリッジ大学では学部や専攻によって要求される A-level 科目と成績が異なりますが，一般的な入学適性試験として A-level テストを採用しています。学生は通常，ケンブリッジ大学の特定の学部や専攻に応じて特定の A-level 科目と成績が要求されます。たとえば数学の学部への入学には数学の A-level テス

トの成績提出が必要です。英文学の学部への入学には英文学関連のA-levelテストの成績提出が求められます。一般的に言えることは，ケンブリッジ大学では世界各地からの出願があることで，競争が非常に厳しくなり，高いA-levelテストの成績が求められます。多くの場合，A*またはAの成績をすべての科目で取得することが要求されます。また，一部の学部や専攻では特定の科目で高い成績が求められます。入学を検討する場合，特定の学部または専攻の要件を確認し，その要求を満たすようにA-levelテストに取り組むことが重要です。また，入学プロセスには面接や追加の試験が含まれることがあるため，それらも考慮する必要があります。

　ハーバード大学は，ケンブリッジ大学同様，入学競争が非常に激しい大学の一つです。そのため，ハーバード大学に入学するためのSATスコアの要件は，高いスコアが求められ，一般的にSATスコアが合計1500以上，ACTスコアが各セクションで34以上が必要とされています。ただし，ハーバード大学は入学選考を総合的に行う大学であり，SATやACTスコアだけが入学決定の要因ではありません。ハーバード大学は新型コロナウイルス感染症のパンデミックの影響により，2020年からSATまたはACTのスコア提出がオプショナルとなりましたが，多くの出願者は引き続きそれらの標準テストスコアを提出しており，高いスコアを持っていることは依然として有利な合格要因とされています。

　A-levelテストでの高い成績とSATの高いスコアを取ることは，どちらも難易度の高いタスクですが，異なる対策方法を必要

とします。A-level テストはイギリスといくつかの他の国で採用されている高校修了試験で，通常，専門分野を選択し，2年間の学習を通じて学問の深さと広がりを確認します。これに対して，SAT は標準テストで，試験の対策は必要ですが，A-level コースのように受験科目の授業を履修する必要はありません。どちらの試験を選択するにせよ，時間と努力をかけて準備し，目標を達成するために最善を尽くすことが重要です。

　日本人の高校生で数学が得意である場合，A-level テストよりも SAT の方で良い成績を残せる可能性が高いです。その理由は，日本の高校生の多くが数学に強い基盤を持っていることで，SATの Math セクションで高得点を獲得しやすいことが挙げられます。一方，A-level テストは英語のスキルが多分に関わってくるため，英語力に自信のない学生にとっては SAT の方が取り組みやすく，好成績を残せる可能性が高いと思います。また，試験対策の観点からも，数学が得意な日本人高校生は SAT の Math セクション対策に費やす時間を，その他のセクション対策のために費やすことができ，効率的にスコアを上げることができるようになると思います。

8.1.6　英語能力証明書

　ケンブリッジ大学やハーバード大学への出願を検討する英語非母語話者の場合，TOEFL iBT と IELTS アカデミックのどちらを受験するかは，個人の英語スキルと好みによって異なります。どちらのテストを選ぶかを決定するためにいくつかの要因を考慮することが重要です。テスト内容に関しては，TOEFL iBT はア

メリカの大学向けに設計されており，アメリカ英語スキルを測定すると考えられ，IELTS アカデミックは国際的な英語スキルを評価し，イギリス英語との親和性も高いです。

　テスト形式について，TOEFL iBT と IELTS アカデミックはリーディング，リスニング，スピーキング，ライティングのセクションが含まれていますが，TOEFL iBT はコンピュータ版のみの実施に対して IELTS アカデミックはペーパー版とコンピュータ版で実施されています。そして，TOEFL iBT と IELTS アカデミックの大きな異なりは，スピーキングテストの実施がコンピュータ形式か対面形式かということになります。これが日本人出願者にとって，どちらが適しているかを検討する際の重要な材料となります。TOEFL iBT では，スピーキングはコンピュータ形式のテストとなり，受験者は録音された質問に対してコンピュータマイクとヘッドセットを使って解答します。この形式の利点は，受験者が独自にコンピュータを使って解答することで，対人的なプレッシャーや緊張が軽減される可能性があることです。スピーキングテストを通じての解答はコンピュータによって録音され，評価は後で評価者によって行われます。一方，IELTS アカデミックのスピーキングは対面形式となり，受験者は実際に英語母語話者と英語での対話を行い，質問に対して直接答えます。この形式は，コミュニケーション能力や実際の対話スキルや対人コミュニケーションの実践的な経験を評価する点で優れています。

　どちらのテストが適しているかは，個人の得意不得意に依存します。TOEFL iBT はコンピュータ形式であるため，コンピュー

タを使用して英語で解答する能力を評価します。コンピュータを使ったコミュニケーションに慣れている人の場合，TOEFL iBTが適切かもしれません。対照的に，IELTS アカデミックは対面形式で，実際の英語によるコミュニケーションスキルを評価するので，英語のスキルだけでなく，対人コミュニケーションのスキルに長けている場合，IELTS アカデミック受験の方が適しているかもしれません。また，コンピュータ形式のスピーキングテストは，録音された受験者の解答の評価は後に評価者によって行われ，その評価には客観性があるのに対して，英語母語話者との対面のスピーキングテストでは対話者の主観が評価に影響を及ぼす可能性があります。

8.1.7　世界大学ランキング

世界大学ランキングは，いくつかの異なる組織と出版社によって発行されています。その中でも最も広く知られる世界大学ランキングは，QS World University Rankings, World University Rankings, Academic Ranking of World Universities があります。

QS World University Rankings は，英国の教育コンサルティング企業である Quacquarelli Symonds 社によって発行されています。このランキングは世界中の大学を総合的に評価し，学術的な評判，雇用主の評判，教育の質，国際性などさまざまな要因を考慮してランキングを作成しています。また，World University Rankings は，イギリスの出版社である Times Higher Education 社 (THE) によって発行されている世界大学ランキングです。

THE によるランキングは研究の質，教育，国際性，産業との連携などを評価し，ランキングを作成しています。そして，Academic Ranking of World Universities は 上海交通大学によって発行されており，主に研究成果を中心にランク付けされています。このランキングは研究者のノーベル賞受賞歴や論文引用数を重視しています。異なるランキングでは異なる評価基準が使用されます。たとえば QS World University Rankings では学術的な評判や雇用主の評判が重要視されるのに対して，World University Rankings では教育と研究に関する指標が重視されます。また，Academic Ranking of World Universities は主に研究に焦点を当て，ノーベル賞受賞者や論文引用数などが評価の要因となります。

　ケンブリッジ大学とハーバード大学は，両方とも世界的に高い評価を受け，主要な世界大学ランキングでは常時トップ 10 位内にランクしますが，ランキングにおいて前述しましたように，いくつかの違いが見られます。QS World University Rankings において，2024 年のランキングではケンブリッジ大学が 2 位にランクインし，ハーバード大学は 4 位でした。このランキングはケンブリッジ大学とハーバード大学の学術的な評判，雇用主の評判，教員と学生の比率，国際性など，さまざまな要因を評価基準として使用されました。また，World University Rankings 2024 では，ケンブリッジ大学が 5 位とハーバード大学は 4 位となり，このランキングでは，ケンブリッジ大学とハーバード大学の研究の質，教育の質，国際性，産業との連携などが評価基準として使用されました。そして，2023 Academic Ranking of World Universities においては，ケンブリッジ大学が 4 位とハーバード大学は 1 位となり，このランキングでは，ケンブリッジ大学とハーバード大学のノーベル賞受賞者や論文引用数など，研究に関する指標が重要視されました。

　これらの主要な世界大学ランキングにおいて，ケンブリッジ大学とハーバード大学はいずれも高い評価を受けており，トップランクに位置していますが，各ランキングは異なる評価基準や方法論を使用しており，ランキングの順位には年度ごとの変動があります。そして，世界大学ランキング，特に QS World University Rankings, World University Rankings, Academic Ranking of World Universities には，評価基準や指標が特定の側面や要素に過剰に偏っていること，自己申告データの信頼性，経済的インセンティブ，研究への過剰な焦点，個々の大学の使命や特性による多様性を十分に考慮していないことなどの批判点が存在します。したがって，大学を選択する際には複数のランキングを総合的に考慮し，大学の個別の特徴や使命を公平に評価する必要があります。

8.1.8　合格率

　ケンブリッジ大学やハーバード大学の合格率が非常に低いことは，高い競争率，厳格な入学基準，質の高い教育水準の確保の必要性と関係しており，三つの要因間では相関関係が存在しています。ケンブリッジ大学やハーバード大学は世界大学ランキングでは常に上位に位置しており，高いランキングの大学は学生にとって魅力的な学びの場となり，多くの学生がその大学に入学しよう

とし競争率が高くなります。このような競争率の高い大学は，出願者数が多くなり，出願料収入を増加させる機会を享受し，国内外からの研究費の獲得や寄付という恩恵を受けることができます。結果として奨学金や助成金の機会や額に関しても多様性があり，国内外からの学生に対して経済的な支援ができる機会を設けています。奨学金や助成金の機会が多く提供される場合，通常はその大学への出願者数が増加し，競争率が高くなる傾向があります。これは多くの国内外の学生が奨学金や助成金を受ける機会を模索している証拠であり，入学競争も激化する結果となります。

　また，高い競争率は厳格な入学基準や教育水準の維持と密接な関係があります。つまり，ランキングの高い大学が厳格な入学基準を設けることで，国際的に高い評価を維持し，世界中から優秀な学生を多く引き寄せることに貢献します。そして，厳密な入学基準に合格した優秀な学生が集まることで，研究活動や教育プログラムの質の向上につながり，国内外からの研究資金支援や寄付の確保にも寄与します。ケンブリッジ大学やハーバード大学は多くの場合，優れた学生に奨学金や助成金を用意し，研究プロジェクトに参加する機会を提供します。総合的に，厳格な入学基準は，トップ大学が学術的な卓越性を維持し，学生，教育，研究の質を向上させるための重要な手段の一つです。それらの大学は高い品質の教育と研究を行い，社会に多大な影響を与えることが期待されています。

　合格率の観点から見ると，一般的にケンブリッジ大学の合格率はハーバード大学よりも高い傾向があります。ケンブリッジ大学はイギリスの大学であり，英国の大学への入学競争はアメリカの

一部のトップ大学と比較して緩やかな場合が多いです。対照的に，ハーバード大学はアメリカにあるアイビーリーグのトップの大学であり，入学競争が激化する傾向にあります。そして，ハーバード大学の方が国外からの出願数が多く，合格率が低くなる傾向がありますが，これは，出願者が受験する入学適性試験の違いとも関わりがあると思われます。ケンブリッジ大学では出願者はA-level テストを受験する必要があるのに対して，ハーバード大学では，2020 年から SAT または ACT の提出が任意となりましたが，多くの出願者は引き続き SAT や ACT を受験して高いテストスコアを提出しています。A-level テストは主にイギリスの高校教育を受けた学生がイギリスで受験し，イギリス国外で受験できるのは特定の国際学校や試験センターのみとなっています。また，SAT と ACT はアメリカ以外でも多くの国や地域で受験できる一般的な標準テストで，結果としてハーバード大学への海外からの出願者が多くなることで合格率に多少なりとも影響を及ぼしていると考えられます。

　それでは，日本人高校生がケンブリッジ大学とハーバード大学のどちらを目指すべきかについてですが，まず，ケンブリッジ大学は A-level テストの受験が必須で，日本国外での受験に限られてきます。それに対して，ハーバード大学は 2020 年から SAT または ACT の提出が任意となりましたが，多くの出願者がこれらのテストを提出しています。日本からの出願者にとっては，SAT または ACT の受験の方が比較的受験しやすい点でハーバード大学の方が出願しやすいと考えられます。ただし，入学適性試験の受けやすさや合格率だけで大学選択をするのは適切ではあり

ません。どちらの大学も優れた教育を提供していますが，自分が学びたい分野や環境に適しているかどうかが重要です。将来の進路やキャリア計画も考慮し，どちらの大学がそれらに合致するかを検討しましょう。

8.1.9　学生数

　学部の入学者数はケンブリッジ大学とハーバード大学を比較するとケンブリッジ大学のほうが多い傾向にあります。ケンブリッジ大学はカレッジ制度を採用しており，学部への入学者選抜はカレッジごとに独自に行われます。出願者は特定のカレッジに出願し，そのカレッジが入学者選抜を担当します。各カレッジは特有の選抜基準とプロセスを持っており，出願者はカレッジごとの要件と志望学科の要件を満たす必要があります。そして，出願者がカレッジに受け入れられるかどうかは，カレッジ選考プロセスを経たカレッジの合否評価に依存します。

　一方，ハーバード大学では，すべての学部出願者が中央の選考プロセスを通過し，統一された基準に基づいて評価されます。ハーバード大学は出願者の多様性と包括性を重視し，個別の出願者を公平かつ総合的に評価するために中央選考プロセスを採用しています。出願者は一つの統一された申請プロセスを通じて出願し，中央の選考委員会が入学者選抜を行います。このプロセスにおいて，出願者は共通の基準に従う必要があります。

　ケンブリッジ大学の各カレッジが独自の選抜プロセスを持つことで入学者選抜の基準が微妙に異なるのに対して，ハーバード大学は中央で統一された選抜プロセスを採用しており，すべての出

願者に同じ基準が適用されます。ケンブリッジ大学のカレッジ独自の入学者選抜プロセスとハーバード大学の中央で統一された入学者選抜プロセスは，両大学の学部入学者数に影響を与える要因の一つかもしれません。そして，ケンブリッジ大学のカレッジごとに受け入れ人数が決まっており，その枠内で各カレッジが入学者を選抜し，ケンブリッジ大学全体の学部レベル入学者数が各カレッジの枠の合計となります。しかし，入学者選抜の基準のぶれや種々の状況によって各カレッジの受け入れ人数が多くなる場合，ケンブリッジ大学全体の学部レベル入学者数も増加し，逆に各カレッジが少ない人数を受け入れる場合，全体の入学者数が減少する可能性があります。さらに，各カレッジの人気度合いも学部レベル入学者選抜数に影響する可能性があります。一部のカレッジは特に人気が高く，多くの出願者が出願することがありますが，その逆も考えられます。その結果，人気の高いカレッジでは競争率が高くなり，入学者選抜が厳格になるのに対して，他のカレッジは出願数が比較的少なくなり，入学者選抜が緩やかになることがあります。これらの要因により，各カレッジの受け入れ枠と人気度合いがケンブリッジ大学の学部レベル入学者選抜数に影響を与えることがあるため，異なるカレッジ間で入学者数にばらつきが生じることがあります。これに対して，ハーバード大学の学部入学者数については，変動はあるものの中央で統一された一貫性のある基準に基づいて行われているので，大学全体の学部レベル入学者数は比較的一定であることが多いです。

　ケンブリッジ大学とハーバード大学は，大学院の入学者選抜において大学院の各学部または各学科が独自の基準を持ち，独自の

入学者選抜プロセスを実施しています。これは両大学が多様な学部学科や専門分野を提供し，それぞれの学部学科が異なる専門知識を持つことから，入学者選抜のプロセスを学部や学科ごとにカスタマイズしているためです。出願者は志望学部学科やプログラムに出願し，その学科や学部の選抜プロセスに従う必要があります。各学部や学科は，出願者の専門性や研究領域に関連する要因を評価し，入学者を選抜します。

　ケンブリッジ大学とハーバード大学は学部と大学院の規模に差があります。ケンブリッジ大学の学部プログラムは多くの学生を受け入れており，大規模なものが多いです。対照的に，大学院プログラムは学部よりも比較的少ない学生を受け入れており，専門的な研究や学問に従事する学生が在籍しています。また，カレッジ制度により各カレッジが大学院生を受け入れているため，カレッジごとにも規模の異なりが生じます。

　ハーバード大学においては大学院の規模の方が学部よりも大きくなっています。また，大学院プログラムには国際的リーダーシップを発揮している多岐にわたる専門分野が含まれており，国内外からの入学者数が増加する要因となっています。このように，ハーバード大学の大学院教育への需要が高いため，大学院の規模が大きくなっていると考えられています。結果としてハーバード大学の大学院入学者数がケンブリッジ大学の大学院入学者数を上回る要因となっています。

8.1.10　学費

　ケンブリッジ大学とハーバード大学の学費にはいくつかの違い

があります。ケンブリッジ大学の学部学費は，カレッジと大学の二つのカテゴリーに分かれています。カレッジの学費は国内学生と留学生は同じですが，所属学部の学費は，国内学生および留学生に対して異なる学費が適用され，留学生の学費が高くなっています。対照的に，ハーバード大学の学部学費は国内外の学生に対して同額です。大学院の学費についても，ケンブリッジ大学とハーバード大学で違いがあります。ケンブリッジ大学の大学院学費も，カレッジと大学院学部の二つのカテゴリーに分かれており，大学院学部の学費については国内学生と留学生とで異なり，留学生の学費が高くなっています。ハーバード大学の大学院学費は，プログラムによって学費の幅がありますが，学部学費と同様，国内外の学生の学費は同額です。

　ケンブリッジ大学は国内学生と留学生では学費が異なり，国内学生の学費が低く設定されているのに対して留学生に高い学費を設定しています。しかし，留学生は世界的に高いレベルの教育と研究を求め，ケンブリッジ大学に入学し，高い学費の見返りを得るために高い学費を支払うことに価値を見出しています。そして，ケンブリッジ大学は留学生からの追加の収益を得て研究設備の改善や奨学金プログラムの充実に充て教育と研究に還元しています。対照的に，ハーバード大学の学費は国内学生と留学生の学費は同じで高額となっています。ケンブリッジ大学とハーバード大学の学費の差は，主に国の教育システムと大学の組織形態に関連しています。ケンブリッジ大学はイギリスに位置し，一般的にイギリスの公立大学の特徴を持っています。一方，ハーバード大学はアメリカに位置し，私立大学としての特徴があります。これ

により学費に関する違いが生まれます。ケンブリッジ大学はイギリスの公立大学で政府から一定の資金援助を受け，通常，政府の定めた学費の上限が設定されています。これにより，イギリスの国内の学生にとって，学費が比較的低く設定されています。しかし，ハーバード大学はアメリカの私立大学であり，政府の資金援助を受けていないため，学費が大学の主要な収入源となります。アメリカでは私立大学は公立大学に比べて，通常，高額な学費を設定しています。

　ケンブリッジ大学やハーバード大学への日本からの留学は非常に高額であり，多くの学生にとって財政的な負担が大きくなります。高額な学費に対処するための一般的なアプローチとしては，奨学金を獲得することです。ケンブリッジ大学やハーバード大学は，非常に豊かな財政源を持ち，それによって奨学金プログラムを維持および拡大することが可能となっています。これらの奨学金は国内生だけではなく留学生に対してもさまざまな奨学金プログラムが用意され，基本的には優秀な留学生が対象となっています。また，日本政府や留学先の国の政府が提供する奨学金プログラムもあり，日本からの留学生に対してもさまざまな奨学金が用意されています。さらには，大学内や政府機関からだけではなく，民間団体が提供する奨学金プログラムも多く存在します。これらの奨学金を受けるためには，通常，成績が一定水準以上であることが求められます。学業で優秀な成績を維持することが，奨学金を維持し，ケンブリッジ大学やハーバード大学での留学生活を成功させる鍵となります。

8.2 異なる視点での比較のまとめ

　ケンブリッジ大学とハーバード大学は，世界の高等教育の頂点に位置し，その存在自体が知識の殿堂であり，進歩の原動力となっています。これらの大学は，学問の探求と国際的な視野を拡げる場所として，学生と研究者にとって恩恵をもたらすと同時に，人類全体の進歩に寄与しており，高等教育が個人と社会の発展において不可欠であることを示す象徴とも言えます。ケンブリッジ大学とハーバード大学は，それぞれ独自の教育体制や歴史を持っています。日本人にとって，これらの大学への受験は大きなチャレンジであり，それによって個々の成長や世界観の拡大が期待されます。

　ケンブリッジ大学は，英国のケンブリッジ市に位置し，設立は1209年で，大学はカレッジ制度を有し，31の独立したカレッジと複数の学部から成り立っています。一方，ハーバード大学は，アメリカのマサチューセッツ州に位置し，1636年に設立されました。大学の運営形態はアメリカの私立大学であり，ケンブリッジ大学同様，複数の学部から構成されています。

　また，両大学ともに，入学適性試験は非常に厳格であり，高い学力と能力が求められます。ケンブリッジ大学では一般的にA-level テストや国際バカロレアテストを，ハーバード大学では任意となりますが，SAT や ACT などのスコアを精査します。また，英語非母語話者にとって英語能力試験スコアを提出することが望ましく，ケンブリッジ大学では必須で IELTS アカデミックや TOEFL iBT のスコア，ハーバード大学では任意となりま

すが，TOEFL iBT や IELTS アカデミックのスコアを重視します。

　さらに，両大学の合格率は非常に低く，厳しい選考基準を通過することが必要ですが，その分世界的な評価も高く，世界ランキングでも常に上位に位置しており，見返りも大きいです。学生数や学費は大学ごとに異なりますが，どちらの大学も多様な学生が集まり，国際的な交流の機会が豊富です。日本人にとって，ケンブリッジ大学やハーバード大学への受験は，世界の最先端の教育を受けるための素晴らしい機会です。高い志を持ち，準備をしっかりと行い，世界を舞台に自らの可能性を広げるために，ぜひ積極的にチャレンジしていただきたいと思います。

8.3　日本から留学を希望する人に

　ケンブリッジ大学またはハーバード大学への留学は，知識とキャリアの可能性を広げる素晴らしい機会です。しかし，これらの大学に進学を考える際には，慎重に計画を立て，自己啓発を追求する覚悟が必要です。以下が留学希望者へのアドバイスです。

（1）　高い学業成績と入学適性試験のスコア：これらの大学は非常に競争率が高いため，高い学業成績と入学適性試験（A-level テスト，国際バカロレアテスト，SAT，ACT，TOEFL iBT，IELTS アカデミックなど）の優れたスコアが不可欠です。十分な準備期間を確保して，これらのテストにしっかり取り組みましょう。また，

良い成績や推薦状も大切な要素です。日頃から指導者と積極的にコミュニケーションを取ることで，成績向上が期待できるばかりか，良い推薦状の取得にもつながります。特に良い成績を収めるためには日々の自己管理と継続的努力が鍵となります。

(2) 独自の経験を積む：入試選抜では学業だけでなく，多様な経験を重視します。ボランティア活動，リーダーシップ経験，研究プロジェクトなどで独自の経験を積むことが重要です。学業成績や入学適性試験のスコアが不足している場合，出願者が持つ特異な能力でその不足分を埋め合わせることができます。ボランティア活動やリーダーシップ経験は，社会貢献や他者への奉仕，協力，コミュニケーション能力の高さの証明となり，研究プロジェクトへの参加は，独立した思考や問題解決能力，研究能力の証明となります。これらの経験は，出願者の個性や志向性を示し，大学が求める特質や価値観と合致することをアピールしましょう。

(3) パーソナルステイトメント：前述の独自の経験と密接に関わるパーソナルステイトメントも非常に重要な要素です。出願者が培ってきた経験や活動をアピールしつつ自己紹介や志望動機に焦点を当て，どの分野に興味があり，なぜその分野を学びたいのかを明確に説明できると入学審査での競争力が高まります。また，個性を際立たせ，なぜ出願者がケンブリッジ大学やハーバード大学が求める特質や価値観と合っているのか，

なぜケンブリッジ大学やハーバード大学で自分の将来のキャリア目標を実現できると信じているのかを伝えましょう。

(4) 奨学金と財政支援：留学には費用がかかります。特に，ケンブリッジ大学やハーバード大学は学費が高いので国内外の奨学金や財政支援プログラムに積極的に応募し，留学費用を軽減する方法を探しましょう。大学ごとに異なる奨学金プログラムがありますので，事前に応募条件について確認しておきましょう。国内の奨学金ではロータリー財団の留学奨学金がおすすめです。私がハーバード大学大学院留学時に頂いたロータリー財団の留学奨学金は，資金面でのサポートと合格可能性の高さが魅力です。ロータリー財団の留学奨学金は，日本国内においての全国的規模の選考ではなく，ロータリー地区ごとに選考が行われ受給者が選ばれます。そのため，全国的規模のものと比較すると応募者の競争率が比較的低く保たれる可能性があります。ただし，それぞれのロータリー地区によって異なる応募基準や要件がありますので，応募する際には地域のロータリークラブやロータリー地区の財団担当事務局に事前確認することが重要です。

(5) インタビューの準備：一部の大学や大学院では面接を行います。面接の際は自己紹介や志望動機について話す準備をし，自信を持って臨みましょう。英語でのネイティブライクは必要なく質問に対して的確な答えが

求められ評価されます。予想される質問に対する準備が大切で，過去の質問例データを入手し，事前に目を通しておく必要があります。

(6) 日本人会と卒業生ネットワークの活用：ケンブリッジ大学やハーバード大学を卒業した日本人卒業生や日本人在校生に連絡を取ってみることも有益です。ケンブリッジ大学日本人会やハーバード大学日本人会の連絡先がインターネット上で検索すれば表示されます。出願の結果を予測するには，情報を収集し，豊富なネットワークを通じてアドバイスを得ることが肝要です。日本人会や卒業生ネットワークを活用して，同じ道を歩んだ先輩たちの経験を聞き，彼らの知識や洞察力を借りることで，出願における合格への道筋を見つけることができるでしょう。

　ケンブリッジ大学とハーバード大学への留学は大きな夢かもしれませんが，努力と強い信念があれば実現可能です。自分自身を信じ，努力を惜しまず，未来への第一歩を踏み出す勇気を持ちましょう。成功を収めることができれば，ケンブリッジ大学やハーバード大学での経験は一生の財産となり，知識と人脈を提供してくれることでしょう。

あとがき

　ケンブリッジ大学，ハーバード大学，そして東京大学への学問的な旅は，私の人生における最も重要かつ魅力的な章の一部でした。これらの異なる大学での経験は，私の学際的な視野を広げ，深化させ，人生のさまざまな側面で私に影響を与えました。以下は，私がこれらの大学で過ごした時間についての詳細なエッセイ風の感想です。

　私のアカデミックな旅は，ハーバード大学から始まりました。ハーバード大学はその圧倒的な歴史と国際的な評判で知られており，私にとっては夢の大学でした。ここでの学びは，専門的な分野への没頭と，その分野のトップ専門家から学ぶ機会を与えていただきました。クラスメイトは世界中から来ており，異なる文化的背景を持つ人々との議論や共同プロジェクトを通じて，新しい視点を得ることができました。ハーバード大学のキャンパスは，博物館，図書館，リソースの宝庫であり，知識を深めるために非常に豊かな環境を提供してくれました。特にハーバード大学のワイドナー図書館と燕京（ヤンチン）図書館での体験は，私にとって本の探求が冒険と発見の旅であることを実感させてくれました。ワイドナー図書館の書庫での宝探しの瞬間と，ヤンチン図書館での日本の古書に出会った瞬間は，宝物を発見したときのような感動を私にもたらしました。

　ハーバード大学のワイドナー図書館は，地下2階と地上9階

から成る壮大な建物と膨大な蔵書で有名です。しかし，私にとって最も魅力的だったのは，その書庫での宝探しでした。書庫は非常に広大で，通路は狭く，高い本棚が両側に立ち並んでいました。ある日，私はある特定の本を探していて，その探し物を見つけるために通路を時間かけて探検し，本の装丁や題名を確認し，段々と深い書庫の奥に進みました。長いトンネルを抜けるような感覚でその本をようやく見つけた瞬間は，まるで宝探しの冒険を経て貴重な宝物を見つけたような感動が私を包みました。本のページをめくる手には，知識と探究心の喜びが込められていました。また，ヤンチン図書館は，アジア関係の膨大な蔵書を誇り，特に，日本の古典や古い書物が充実していました。私はここで改めて日本の文化と歴史に深い関心を持つようになり，日本の古典文学に触れることができることに興奮しました。ヤンチン図書館に足を踏み入れた瞬間，日本の書物の膨大なコレクションに圧倒され，それまで気が付かなった日本の歴史や文化を再発見させてくれました。これらの古書は，言葉やイラストを通じて過去の時代への窓を開け，私にとってはまさにタイムマシンのような存在でした。

　これらの経験は，本を探し求め，知識の宝庫を発見する喜びを私に与えてくれました。ワイドナー図書館の書庫での宝探しは，探究心をくすぐり，新たな発見の期待を生み出しました。そして，ヤンチン図書館の日本の古い書籍に出会う瞬間は，文化と歴史への深い尊敬と敬意を醸成しました。これらの瞬間は，私のアカデミックな旅における宝物探しのようなものであり，知識の探求と文化の尊重の大切さを私に教えてくれました。そして，ハー

バード大学の大学院での授業，授業時の議論やプロジェクトを通じて，多くの刺激的なアイデアと知識を身に着けることができ，ハーバード大学での学びは，専門知識の確立と国際的な視野の構築に不可欠なものであり，私のアカデミックなキャリアに強力な基盤を築いてくれました。

　後に，私は日本の東京大学で博士課程に進みました。東京大学の博士課程における学びも，私にとって非常に充実したものでした。この経験は私の専門分野を深めるだけでなく，アジア圏の異なる言語や文化に触れる機会を与え，それによって新たな視点と洞察を獲得することができました。ハーバード大学では英語で専門分野を学んだのですが，東京大学では日本語で専門分野を学ぶことは私にとって新鮮で刺激的なものでした。東京大学の博士課程に入るまでの研究では英語が主要なコミュニケーション言語であったため，専門用語やアカデミックな表現を日本語で新たに学ぶことは一種の挑戦でした。しかし，これは非常に充実感のあることとなり，自身の専門分野を拡げ，日本語で新たな専門知識の獲得を可能にしてくれました。また，日本語を用いた授業や研究活動を通じて，英語圏では得られない独自の視点やアプローチに触れることができましたし，英語で書かれた研究論文を読み，それを異なる角度から分析し日本語で議論する経験は，知識の深化に大いに貢献し，新たな洞察を得ることができました。

　さらに，東京大学での学習は国際的な環境で展開されました。アジア圏からの留学生と共に授業を受け，プロジェクトに取り組む機会が豊富でした。異なる文化背景や学問の視点を持つ仲間との議論や協力は，自分の視野を拡げる上で非常に価値のある経験

でした。異なる国々から来た留学生と協力することで，自身の研究テーマをより多角的に捉え，新たなアイデアやアプローチを取り入れることができました。

　東京大学の厳格な学習環境に身を置きながら，アジア圏内からの留学生と日本語で学ぶ喜びを感じ，この環境は学問に対する情熱を高め，自己成長に対する意欲を刺激しました。博士課程は困難なものでしたが，その過程で多くのことを学び，成長する機会を得ることができました。

　そして，ケンブリッジ大学での客員研究員としての経験が私の学問的な旅のクライマックスでした。ケンブリッジ大学での学びは私にとって非常に意義深いものでした。所属した言語学部とウルフソン・カレッジを通じて，知識の深化と学際的なアプローチの重要性を実感しました。特に，ケンブリッジ大学の中央図書館における膨大な蔵書の数に圧倒されました。この図書館は数多くの専門分野にわたる蔵書を収蔵しており，学問の幅広い領域に関する情報を提供してくれました。そこで，私は自分の研究や学問への好奇心を満たすために多くの時間を過ごしました。その一方で，特筆すべきなのは，ケンブリッジ大学の図書館がデジタル化に積極的である点です。多くの書籍や文献がデジタルフォーマットで利用可能であり，これは研究や学習に大きな利益をもたらしました。図書館に行かずに自宅や学内のコンピュータを通じて，必要な文献にアクセス並びにダウンロードすることが可能で，時間と場所に束縛されずに学問の探求ができました。このデジタル化の取り組みは，情報へのアクセスの容易さを向上させ，研究者や学生がより効率的に情報収集と知識の共有を行う手助けとなり

ました。

　ウルフソン・カレッジという所属のコミュニティも大いに学び
と交流の場でした。異なる専門分野やバックグラウンドを持つ仲
間との議論や共同プロジェクトを通じて，新たな視点やアイデア
を獲得する機会を得ました。大学院での学びは，単なる知識の習
得だけでなく，異なる文化や専門領域との交流を通じて，個人的
な成長と専門性の向上をもたらすものであり，ケンブリッジ大学
のリソースとコミュニティのサポートがその一翼を担いました。

　これらの大学での経験は，異なる学問的アプローチ，文化，ア
カデミック・コミュニティとの接触を通じて，私の視野を拡げ，
専門的な能力を高める機会を提供してくれました。ハーバード大
学，東京大学，ケンブリッジ大学への学問の旅が，私の学問的な
成長に大いに貢献し，私のキャリアに深い影響を与えました。こ
れらの経験は私にとってかけがえのないものとなり，現在の私を
支え，私の研究とアカデミックなキャリアの成功に寄与してくれ
ています。将来的に，読者の皆さんも国内外での大学にて新たな
学問領域への探求の旅に出て，新たな視野を広げ，異なる文化や
アカデミック・コミュニティとの交流を通じて自己を成長させる
機会を持っていただきたいことを切に願っています。これらの経
験は，読者の皆さんの専門的な能力を高めるだけでなく，個人的
な成長や人間的な洞察力を深めることで，将来のキャリアに強い
影響を与えるでしょう。そして，新たな知識と経験を積み重ねる
ことで，より豊かな人生を築き，自らの目標や夢を拓く実現の力
ときっとなってくれるはずです。勇気をもってチャレンジしてく
ださい！

瀧本　将弘　（たきもと　まさひろ）

青山学院大学理工学部教授

　ロータリー財団大学院課程奨学金を得てアメリカの Harvard University で Master of Education を取得し，Temple University で Doctor of Education を取得。そして，ニュージーランドの University of Auckland で最初の Doctor of Philosophy を取得し，さらに東京大学で 2 つ目の Doctor of Philosophy となる博士（学術）を取得。2021 年 9 月から 2022 年 8 月までの 1 年間，University of Cambridge の Faculty of Modern and Medieval Languages and Linguistics にて visiting scholar として，Wolfson College にて visiting fellow として所属。

　専門は認知言語学，応用認知言語学。

ケンブリッジ大学への学問の旅
―ハーバード大学との比較と挑戦へのエール―

2024 年 6 月 24 日　第 1 版第 1 刷発行

著作者　　瀧 本 将 弘
発行者　　武 村 哲 司
印刷所　　日之出印刷株式会社

発行所　　株式会社　開 拓 社

〒112-0013 東京都文京区音羽 1-22-16
電話　（03）5395-7101（代表）
振替　00160-8-39587
https://www.kaitakusha.co.jp